FACULTÉ DE DROIT DE BORDEAUX

LES
ORIGINES DU DIVORCE
EN FRANCE

ÉTUDE HISTORIQUE SUR LA LOI DU 20 SEPTEMBRE 1792

THÈSE POUR LE DOCTORAT

Soutenue devant la Faculté de Droit de Bordeaux, le 30 juin 1897

PAR

Pierre DAMAS

AVOCAT

ATTACHÉ A... ...QUET DE LA COUR

BORDEAUX

IMPRIMERIE G. GOUNOUILHOU

11, RUE GUIRAUDE, 11

1897

LES
ORIGINES DU DIVORCE
EN FRANCE

ÉTUDE HISTORIQUE SUR LA LOI DU 20 SEPTEMBRE 1792

THÈSE POUR LE DOCTORAT

Soutenue devant la Faculté de Droit de Bordeaux, le 30 juin 1897

PAR

Pierre DAMAS

AVOCAT

ATTACHÉ AU PARQUET DE LA COUR

BORDEAUX

IMPRIMERIE G. GOUNOUILHOU

11, RUE GUIRAUDE, 11

1897

FACULTÉ DE DROIT DE BORDEAUX

MM. BAUDRY-LACANTINERIE ✻ (✿ I.), doyen, professeur de *Droit civil*.

SAIGNAT (✿ I.), assesseur du doyen, professeur de *Droit civil*.

BARCKHAUSEN (O. ✻) (✿ I.), professeur de *Droit administratif*.

DE LOYNES (✿ I.), professeur de *Droit civil*.

VIGNEAUX (✿ I.), professeur d'*Histoire du droit*.

LE COQ ✻ (✿ I.), professeur de *Procédure civile*.

LEVILLAIN (✿ I.), professeur de *Droit commercial*.

MARANDOUT (✿ I.), professeur de *Droit criminel*.

DESPAGNET (✿ I.), professeur de *Droit international public*, chargé du cours de *Droit international privé*.

MONNIER (✿ I.), professeur de *Droit romain*, chargé du cours d'*Histoire du droit public*.

DUGUIT (✿ I.), professeur de *Droit constitutionnel et administratif*, chargé du cours de *Principes du droit public et Droit constitutionnel comparé*.

DE BOECK (✿ A.), professeur de *Droit romain*, chargé du cours d'*Histoire des doctrines économiques*.

DIDIER (✿ A.), professeur de *Droit maritime et de Législation industrielle*, chargé du cours de *Législation financière*.

BENZACAR, chargé du cours d'*Économie politique*.

MM. SIGUIER (✿ A.), *secrétaire*.

PLATON (✿ A.), ancien élève de l'École des Hautes-Études, *sous-bibliothécaire*.

CAZADE, *Commis au secrétariat*.

COMMISSION DE LA THÈSE

MM. VIGNEAUX, professeur, *président*.

LEVILLAIN, professeur, } *suffragants*.
DE BOECK, professeur,

BIBLIOGRAPHIE

Henri Coulon. — *Le Divorce et la Séparation de corps.* 1890-92, 6 vol. in-8°. (Tome Ier : Le divorce et la séparation de corps dans l'histoire.)

Glasson. — *Le Mariage civil et le Divorce.* 2me édit. Paris, 1880.

A. Dumas fils. — *La Question du Divorce.* Paris, 1879.

A. Naquet. — *Le Divorce.* 2me édit. Paris, 1881.

Joyau. — *La Philosophie pendant la Révolution.* 1893, in-18.

D'Auteville. — *Le Divorce pendant la Révolution,* dans la *Revue de la Révolution,* année 1883.

Tabaraud. — *Principes sur la distinction du contrat et du sacrement de mariage.* Paris, 1825.

Faulcon. — *Précis historique sur l'établissement du divorce.* Paris, 1800, in-8°.

Madival et Laurent. — *Archives Parlementaires,* 1867-1889.

Le Moniteur (ancien et réimpression avec tables).

Procès-verbal de l'Assemblée nationale législative. 16 vol. in-8°. — *Tables* de ce procès-verbal, 2 vol. in-8° ou 1 vol. in-folio.

Procès-verbal de l'Assemblée nationale, 75 vol. in-8°. — *Tables* de ce procès-verbal, 5 vol. in-8° ou 1 vol. in-folio.

LES
ORIGINES DU DIVORCE
EN FRANCE

ÉTUDE HISTORIQUE SUR LA LOI DU 20 SEPTEMBRE 1792

INTRODUCTION

INFLUENCE DES THÉORIES DES JURISTES
SUR LA
SÉCULARISATION DU MARIAGE ET LE RÉTABLISSEMENT DU DIVORCE

Peu d'institutions juridiques ont eu des partisans et des adversaires plus passionnés que le divorce. Au xviiᵉ siècle, Milton et Locke en Angleterre, Puffendorf en Allemagne, Quevedo en Espagne, Grotius en Hollande, l'ont éloquemment défendu; dans le cours du siècle dernier, les philosophes français en ont réclamé l'établissement. Institué dans notre législation par la loi du 20 septembre 1792, il a, malgré les réactions violentes qui succédèrent à la période révolutionnaire, passé dans notre Code civil, dont il n'a été supprimé qu'en 1816, après vingt-trois années et demie d'existence.

Vers le milieu de ce siècle, quelques propositions de le rétablir n'aboutirent point. Enfin, il y a une vingtaine d'années, d'ardents polémistes, au nombre desquels il faut citer MM. A. Naquet et A. Dumas fils, entreprirent une nouvelle campagne contre l'indissolubilité du mariage. Ils rencontrèrent d'éminents contradicteurs ; tout fut remis en question ; la légitimité du divorce, l'opportunité de son rétablissement, toutes les conséquences qui en résultent furent une fois de plus examinées, soit en elles-mêmes, soit par rapport à la séparation de corps. Est-ce grâce au talent des partisans du divorce, est-ce plutôt parce que cette institution, bannie de notre Code en vertu d'un principe dogmatique, paraissait devoir y retrouver sa place, avec la neutralité de l'Etat? Nous l'ignorons ; toujours est-il que la loi du 27 juillet 1884 remit en vigueur les dispositions abrogées du titre VI du Code civil, après les avoir profondément modifiées.

Le principe du divorce, admis une fois de plus par la loi française, n'a point été accepté par une grande partie de la nation. Le clergé catholique, conformément à ses traditions, y est resté irréductiblement hostile, et les polémiques relatives à cette matière ne se sont guère calmées.

Nous entendons ne prendre aucune part à cette discussion. Peut-être un jour les statistiques diront-elles si le divorce a eu des effets heureux ou nuisibles, s'il a ou non favorisé la repopulation, s'il a épuré ou corrompu les mœurs, s'il a facilité plus de mariages qu'il n'en a dissous ; peut-être arrivera-t-on, avec le développement des sciences sociologiques, à savoir si le divorce en France est, au point de vue politique, selon l'expression du siècle dernier, au point de vue social, selon l'expression moderne, une bonne ou une mauvaise institution. Ce que la sociologie n'établira point, c'est la légitimité de son principe, soit que l'on se place au point de vue religieux, soit qu'à un point de vue très humain on envisage les tortures morales qu'il peut éviter. Qu'importe, en effet, pour le catholique, qu'une institution ait humainement d'heureux effets, si elle blesse ses convictions religieuses, est contraire à sa foi, condamnée par ses pasteurs? Qu'importe au philosophe que l'on abuse d'une institution créée en vue de soulager des misères dignes de pitié, si ces misères existent parfois et peuvent en bénéficier ?

Nous ne croyons pas qu'un accord puisse intervenir sur tous ces points; des voix éloquentes et autorisées se sont élevées : elles n'ont pas convaincu. Sans vouloir prendre parti dans ce débat, nous avons préféré étudier une phase peu connue de l'histoire du divorce en France; celle de son établissement ou rétablissement[1] au cours de la période révolutionnaire.

Tout le monde sait que sous l'ancien régime la législation canonique régissait presque exclusivement le mariage ; les tribunaux civils s'étaient cependant efforcés, par des moyens détournés, d'attirer dans leur juridiction les causes matrimoniales, et ils y étaient peu à peu parvenus ; par l'ordonnance de Blois (1579), l'autorité royale, en exigeant pour la validité du mariage le consentement des parents, avait même touché à sa forme et revendiqué le droit de le réglementer. Cette institution n'en était pas moins restée, malgré les efforts de certains juristes, dans la théorie pure comme dans l'opinion, une institution essentiellement religieuse. Le divorce, repoussé par le dogme catholique, religion d'État, devait l'être par les lois françaises.

Brusquement, avec la Révolution, s'affirme le principe du divorce, décrété le 20 septembre 1792. Aussitôt de nombreuses questions se posent à notre esprit; ce décret du 20 septembre 1792 est-il un produit brutal et spontané du mouvement révolutionnaire ? N'a-t-il point une genèse plus complexe, une origine plus lointaine ? Dans quelle mesure l'indissolubilité du mariage a-t-elle préoccupé les philosophes du xviii° siècle ? L'opinion était-elle préparée à la loi de 1792, la désirait-elle ? Quelle est la genèse, non plus lointaine mais immédiate, de cette loi; quels travaux l'ont précédée ? A-t-elle été l'objet d'une discussion sérieuse ou votée à la légère dans la préci-

1. Nous nous servirons indifféremment de ces deux mots au cours de cette étude, bien que le premier soit, en toute rigueur, plus exact que le second.

pitation d'une dernière séance de la Législative? Comment,
enfin, a-t-elle été accueillie? Comment modifiée? Quels abus
en ont été les conséquences et quels assauts le principe du
divorce n'a-t-il pas eu à soutenir jusqu'à sa consécration par
le Code civil de 1803?

Telles sont les questions d'un ordre, comme on le voit,
purement historique, auxquelles nous nous efforçons de
répondre[1].

Mais il nous faut rappeler, dans cette Introduction, une
des causes indirectes qui, en facilitant la sécularisation du
mariage, ont le plus contribué au rétablissement du divorce
en France : nous voulons parler de la théorie gallicane des
anciens juristes relative à la distinction du contrat et du
sacrement, dans le mariage.

Dans la lutte entreprise par la royauté contre l'Église pour
enlever à cette dernière la connaissance exclusive des causes
matrimoniales, un des moyens les plus habiles employés par
le pouvoir séculier fut la distinction du contrat et du sacrement. Les canonistes avaient défini le mariage un contrat-
sacrement, prétendant que le contrat naturel d'association
des époux revêtait dans la religion catholique un caractère
nouveau, et que le sacrement absorbait en quelque sorte le
contrat naturel; ils disaient communément que le contrat de
mariage avait été élevé par le Christ à la dignité d'un sacrement. La conséquence toute naturelle de cette théorie était
que le mariage relevait essentiellement de l'autorité ecclésias-

---

1. L'influence qu'ont exercée les philosophes et les polémistes du xviiie siècle
sur le rétablissement du divorce en France n'a jamais, à notre connaissance, fait
l'objet d'aucune étude d'ensemble. Si les textes étrangers occupent dans ce travail une place qui pourrait sembler excessive, c'est que notre préoccupation
principale a été de mettre en lumière des monuments littéraires et juridiques
peu ou point connus.

tique; la loi civile pouvait bien en régler les effets par rapport aux biens et à l'état des personnes, mais les formes du mariage, sa célébration, les conditions de sa validité ne pouvaient être soumises à d'autres règles que celles du droit canon et ressortissaient aux tribunaux ecclésiastiques.

Ce système fut ingénieusement combattu par les jurisconsultes, jaloux de défendre les prérogatives du pouvoir royal. Comme nous l'avons déjà dit, ils distinguaient nettement dans le mariage le contrat et le sacrement. Ils reconnaissaient bien que le sacrement est de l'essence même du mariage et qu'il ne saurait y avoir de mariage sans sacrement, mais ils soutenaient d'autre part que le contrat est la base, la *matière* du sacrement et qu'il ne peut y avoir de sacrement là où il n'y a pas de contrat; or le contrat considéré en lui-même est bien soumis à la législation civile, le pouvoir séculier peut donc en prescrire les formes, y apposer des empêchements, enfin en prononcer la nullité; ce ne sera point décider de la validité du mariage lui-même, mais seulement déclarer s'il y a eu mariage, le mariage ne pouvant intervenir que sur un contrat conforme aux lois du Prince.

Mais laissons la parole à Le Ridant, qui dans son *Traité du Mariage* nous enseigne combien ces doctrines sont anciennes et cite à ce sujet deux discours assez célèbres de MM. Talon et de Lamoignon.

« L'Église peut et doit même, dit Le Ridant[1], en parlant du mariage, exiger de ceux à qui elle le confère, certaines dispositions spirituelles qui les mette en état de le recevoir sans pécher. Mais le mariage en lui-même est de l'ordre civil; et il n'appartient qu'à la puissance séculière d'en régler les conditions. L'Église n'a jamais eu et ne peut avoir sur cet article aucune autorité ni aucune juridiction légitime, à moins

---

1. Le Ridant, *Traité du Mariage,* p. 79.

que les princes ne s'en démettent en sa faveur ou qu'ils ne souffrent tacitement et sans se plaindre qu'elle l'exerce ; et alors, le droit en lui-même ne passe pas à l'Église, elle en a seulement l'exercice parce que ce droit est un apanage incommunicable de la souveraineté ; il lui est personnel et essentiel. L'Église ne peut pas plus en dépouiller les princes ou le partager avec eux qu'elle ne peut les priver de l'autorité qui les rend maîtres de leurs sujets, ou partager avec eux cette même autorité.

» Voilà des principes qu'on présente comme étant au-dessus de toute critique raisonnable. L'illustre M. Talon les a plaidés en plein Parlement sans que personne ait osé le taxer d'erreur, encore moins d'hérésie. »

En effet, à la fin du xviiᵉ siècle un certain Gaston Chamillard avait, dans sa thèse de théologie, soutenu cette proposition « que les princes souverains ne pouvaient pas faire dans leurs États des lois et des empêchements dirimant les mariages » et que l'autorité ecclésiastique était seule investie de ce droit.

Chamillard fut traduit devant le Parlement. Le Ridant raconte les péripéties de cette comparution qui se termina par la rétractation des théories soutenues dans la thèse du jeune docteur, et il reproduit le discours que Talon prononça à cette occasion (16 février 1677).

Talon disait notamment « que les mariages par leur nature, par leur objet et par leur fin, sont des contrats civils... » « Rendre ce contrat légitime ou valide, rendre les personnes qui contractent habiles ou inhabiles au mariage, c'est l'effet d'un pouvoir souverain sur le temporel. Il n'y a que le législateur ou le prince qui donne la force aux contrats, qui en puisse prononcer la validité ou la nullité. Si donc l'Église, représentée par les conciles, par le pape et par les évêques, a le droit d'établir des empêchements qui annulent le mariage, elle aura le pouvoir de faire des lois civiles qui regardent purement le temporel. Ce qui causerait un renversement et une confusion des puissances ecclésiastique et séculière. » Puis, l'orateur, après avoir ainsi dénié à l'autorité religieuse le droit de réglementer les mariages, établissait la légitimité absolue pour le pouvoir séculier, de créer des empêchements dirimants; il enseignait que pendant les premiers siècles de notre ère les princes usèrent de cette prérogative et que s'ils en ont pendant un temps abandonné à l'Église l'exercice, ils n'y ont point renoncé pour cela.

Le président Lamoignon prit ensuite la parole et, après avoir confirmé en tous points les déclarations de Talon, il ajouta en parlant du mariage : « Comme il se rapporte à l'Église en tant que sacrement, il dépend aussi du prince séculier en tant qu'il est un contrat civil; de sorte que si l'Église peut faire des conditions irritantes à l'égard du sacrement, le prince a aussi ce pouvoir à l'égard du contrat, lequel étant nul par défaut du consentement légitime, le sacrement ne peut y être attaché *non plus que la forme ne peut subsister sans la matière.* »

Ces théories furent reprises et exposées en termes presque identiques dans une lettre du chancelier Pontchartrain[1]; elles avaient également fait l'objet de très longs développements de la part d'un théologien nommé Launoi, qui les avait soutenues dans un livre en latin, publié en 1674 et intitulé : *Regia in matrimonium Potestas vel Tractatus de jure sæcularium Principum Christianorum in sanciendis impedimentis Matrimonium dirimentibus.*

Elles furent enfin professées par la plupart des jurisconsultes du xviiie siècle. Denizart, dans sa Collection de décisions, disait : « Le mariage est indissoluble après le contrat

---

1. *Code Matrimonial,* Le Ridant, p. 192.

sanctifié par la bénédiction nuptiale, parce que le contrat est distingué d'avec le sacrement : l'un consiste dans le seul consentement des personnes qui s'unissent, et l'autre en est la sanctification. Le sacrement ne forme pas le mariage, il le suppose préexistant ; car on ne sanctifie pas ce qui n'existe pas ; et le prêtre ne peut pas sanctifier le mariage quand il n'y a point de mariage[1]. »

Et Ferrière, dans son Dictionnaire de droit et de pratique, développait la même idée avec plus de précision encore : « Le mariage est un sacrement, mais un sacrement dépendant du contrat civil ; de manière que lorsque le contrat est nul par défaut du consentement légitime, le sacrement n'y peut être attaché, non plus que la forme ne peut subsister sans la matière.

» Il est vrai que le sacrement est une chose spirituelle, dépendante uniquement de la puissance de l'Église ; mais le sacrement de mariage suppose une convention qui précède ; et cette convention est un contrat civil qui est dans le pouvoir de l'État et du Prince ; c'est pourquoi il dépend de sa prudence de la régler, soit par rapport à l'âge des personnes, soit relativement au pouvoir des pères et mères, tuteurs et curateurs, soit par rapport à des dispenses de parenté et par rapport à d'autres objets.

» Le mariage en tant qu'il est un contrat civil reçoit son être et sa perfection de la loi du Prince et de l'autorité du magistrat ; c'est pourquoi on anéantirait l'autorité royale dans le Prince et dans les dépositaires de son pouvoir si l'on n'en faisait dépendre la validité que de la puissance et de la validité du souverain Pontife[2]. »

Pothier enfin, dans son traité du Contrat de mariage,

1. Denizart, v° Mariage.
2. Ferrière, Dictionnaire de droit et de pratique, v° Mariage.

affirmait en ces termes le droit pour la puissance séculière
de réglementer les mariages : « Le mariage étant un contrat
appartient de même que tous les autres contrats à l'ordre
politique; et il est, en conséquence, comme tous les autres
contrats sujet aux lois de la puissance séculière que Dieu a
établie pour régler tout ce qui appartient au gouvernement
et au bon ordre de la société civile. Le mariage étant celui de
tous les contrats qui intéresse le plus le bon ordre de cette
société, il en est d'autant plus sujet aux lois de la puissance
séculière que Dieu a établie pour le gouvernement de cette
société.

» Les princes séculiers ont donc le droit de faire des lois
pour les mariages de leurs sujets, soit pour l'interdire à certaines personnes, soit pour régler les formalités qu'ils jugent
à propos de faire observer pour le contracter valablement[1]. »

Et la base de cette argumentation était toujours la distinction du contrat et du sacrement, distinction que Pothier
reprochait à Bellarmin et à Basile Pons de ne pas vouloir
faire, malgré sa justesse évidente. « Quelques auteurs, écrivait-il en effet, qui voudraient concentrer dans le pape toute
puissance, la spirituelle et la temporelle, ont attaqué dans
leurs écrits le droit de la puissance séculière sur les mariages.

» Leurs arguments sont des plus frivoles. Ils disent : Le
mariage est un sacrement, et par conséquent quelque chose
de spirituel; or la puissance séculière ne s'étend pas aux
choses spirituelles; elle ne doit donc pas s'étendre au mariage;
c'est donc une entreprise de la puissance séculière sur la
puissance spirituelle, lorsque les princes font des lois sur les
mariages.

» La réponse à cet argument est facile. Il y a deux choses
dans le mariage : le contrat civil, entre l'homme et la femme

---

1. Pothier, *Contrat de mariage*, ch. III, art. 1er, § 2.

qui le contractent, et le sacrement qui est ajouté au contrat civil et auquel le contrat civil sert de sujet et de matière [1]. »

On voit de quelle façon les juristes légitimaient l'intervention royale dans la législation des mariages et comment ils justifiaient en même temps les prétentions toujours croissantes de la juridiction civile en vue de s'attribuer la compétence des causes matrimoniales. Le mariage en tant que sacrement repose sur un contrat dont le pouvoir séculier est seul régulateur et seul juge ; il en suppose non seulement l'existence mais la validité. Aussi, disaient ces hommes subtils, lorsque nous cassons un mariage, nous n'excédons pas nos droits ; nous ne décidons point de la validité d'un sacrement ; nous déclarons seulement que le contrat civil matière du sacrement est nul et que par voie de conséquence il n'y a pas de sacrement de mariage.

Certains auteurs, même, n'hésitaient pas, logiques avec eux-mêmes, à déduire de leur théorie le principe de la sécularisation du mariage qui devait en être le résultat inévitable. C'est ainsi que Le Ridant, dans ses *Deux Questions importantes sur le mariage,* après avoir déploré que les protestants fussent obligés pour se marier de recourir aux prêtres et de profaner ainsi les sacrements de Pénitence et de Mariage, proposait de ne les soumettre qu'à la partie civile du mariage : « Puisque le mariage est réellement distingué du sacrement de mariage, les protestants qui sont en France pourraient être mariés validement sans qu'on fût obligé de les exposer et de les forcer, pour ainsi dire, à commettre ces sacrilèges. » Et plus loin : « Leur mariage à la vérité ne serait pas béni par le sacrement que Jésus-Christ a établi pour cet effet dans son Église ; mais il ne laisserait pas pour cela d'être

---

1. Pothier, *Contrat de mariage,* chap. III, art. 1er, § 15.

un véritable mariage[1]. » Allant enfin jusqu'aux dernières conséquences de son système, Le Ridant terminait par cette proposition hardie : « Oserai-je étendre cette réflexion (relativement au mariage des protestants) jusqu'à certains catholiques dont on ne peut, pour des raisons particulières, différer le mariage; et qui, eu égard à leurs dispositions actuelles, ne peuvent que profaner le sacrement? On sait que ce cas se présente plus d'une fois à décider, et qu'il embarrasse extrêmement les casuistes et les directeurs des consciences. Comment en effet se tirer de cette difficulté, tant qu'on croira qu'il est impossible d'être marié autrement que par la réception actuelle d'un sacrement que Jésus-Christ a établi dans son Église, non pour donner l'être au mariage, comme on se le persuade facilement, mais uniquement pour bénir et sanctifier le mariage[2]? »

Ces appels à la sécularisation portèrent un premier fruit dans l'Edit de 1787, qui autorisa les protestants à contracter mariage devant les officiers de justice. Toutes les théories des juristes que nous venons d'exposer devaient enfin, avec le concours d'autres influences diverses, aboutir à la sécularisation du mariage dans la Constitution de 1791 (titre II, art. 7).

Et c'est ici que nous devons indiquer l'étroite connexité qui existe entre les théories de Talon, Launoi, Pothier, l'article 7 de la Constitution de 1791 et le rétablissement du divorce en France.

Le mariage, avant la Révolution, était intimement lié dans l'esprit populaire à des notions religieuses exclusives de la liberté de divorcer. On modifie la conception du mariage; on enseigne que c'est en somme et avant tout une institution civile; que le pouvoir séculier peut en réglementer les formes à son gré; que les rites n'en sont que l'accessoire et ne

1. Le Ridant, *Deux Questions importantes sur le mariage*, p. 186.
2. *Id.*

peuvent en modifier la nature. Si l'on se souvient que le dogme catholique est le seul à proscrire le divorce, ne va-t-on pas tirer immédiatement de ces théories une conséquence : que la législation civile n'étant plus asservie à une confession religieuse va pouvoir ressaisir dans toute son étendue son droit de réglementation des mariages, et en permettre la dissolution par le divorce.

D'autre part, la Constitution de 1791, dépassant évidemment le but, dans une réaction immodérée, assimile le mariage aux autres contrats civils. N'était-il point naturel d'en conclure que les règles des autres contrats consensuels lui devenaient applicables, et qu'à leur exemple, il était résoluble soit pour inexécution des conditions expresses ou tacites opposées à sa formation, soit par l'effet du mutuel dissentiment?

Tous ces raisonnements, qui venaient naturellement à l'esprit, furent tenus, et nous voyons qu'antérieurement à la loi du 20 septembre 1792 de nombreux divorces furent pratiqués sans que l'on attendît sur ce point une déclaration explicite de la loi. Telle est à notre avis l'influence indirecte que les théories des juristes relatives à la nature du mariage, exercèrent sur le rétablissement du divorce en France. Hâtons-nous d'ajouter que Pothier, Le Ridant et leurs prédécesseurs ne prévoyaient point cette conséquence de leur système, et que dans leurs écrits ils ont tous condamné le divorce en termes formels.

Si l'on doutait de l'étroite relation qui existe entre la sécularisation du mariage et les théories que nous venons d'exposer, il suffirait pour s'en convaincre de lire le rapport de Durand de Maillane sur les empêchements, les dispenses et la forme des mariages[1].

---

1. *Rapport sur le projet de décret des comités ecclésiastiques et de constitution concernant les empêchements, les dispenses et la forme des mariages*, par M. Durand de Maillane, commissaire du Comité ecclésiastique. (Bibl. nat., Le 29, 1170 et 1201).

Ce rapport, imprimé en décembre 1790, fut le point de départ des discussions qui aboutirent à l'article 7, titre II de la Constitution de 1791. Il avait été en partie motivé par un refus du curé de Saint-Sulpice de publier les bans du comédien Talma. Durand de Maillane reprenait dans une forme presque identique les arguments des anciens juristes. Il appliquait au mariage les principes nouveaux de la neutralité religieuse de l'État et il concluait à l'institution d'un mariage civil, contracté devant un officier public et indépendant de toute idée confessionnelle.

Or, ce rapport déchaîna contre Durand de Maillane les protestations des catholiques, et l'abbé Barruel, qui venait, quelques mois auparavant, de publier une brochure contre le rétablissement du divorce[1], vivement sollicité à cette époque, comprit que la création du mariage civil allait compromettre d'une façon presque certaine le principe de l'indissolubilité du mariage. C'est dans cet état d'esprit qu'il publia les *Vrais Principes sur le mariage opposés au rapport de M. Durand de Maillane et servant de suite aux Lettres sur le divorce;* la dernière partie du titre est bien significative.

L'auteur réfutait avec sa vivacité habituelle le rapport de Durand de Maillane et nous ne le suivrons pas dans son argumentation; mais nous citerons une phrase de cette brochure où perce le dépit de Barruel de voir aboutir à des conséquences aussi graves les théories des jurisconsultes. « J'en suis bien persuadé, disait-il en parlant du projet de Durand de Maillane, nos grands et nos petits philosophes du jour vont trouver ce système admirable et parfaitement conforme à la raison. Eh bien! c'est au tribunal même de cette raison que j'en appelle avant que d'invoquer les lumières de la religion.

---

1. *Lettres sur le divorce,* par l'abbé Barruel, décembre 1789.

» *Je soutiens que le principe fondamental de Launoi et de Durand de Maillane est absolument faux, etc., etc...* »

Que l'on relise maintenant le titre même de la brochure de Barruel *servant de suite aux Lettres sur le divorce* et l'on verra quelle corrélation l'abbé établissait lui-même entre les théories des juristes que nous avons sommairement rappelées et les projets relatifs au rétablissement du divorce[1].

1. Les religions protestantes ont, pour la plupart, admis le principe du divorce. Il en est résulté que dans plusieurs pays, notamment dans ceux de la Confession d'Augsbourg, en Suisse, et en Angleterre, cette institution a été consacrée par la législation civile bien avant qu'elle ne le fût en France; chez nous l'influence de la Réforme a pu être efficace, elle n'a en tout cas été que très indirecte.

PREMIÈRE PARTIE

Origines de la loi du 20 septembre 1792.

CHAPITRE PREMIER

LES PHILOSOPHES

Au nombre des pétitions qui furent adressées à l'Assemblée Nationale Constituante, il en est une au bas de laquelle figurent les noms de Montaigne, Charron, Montesquieu et Voltaire. L'auteur anonyme de ce factum estimait sans doute qu'il ne pouvait plaider plus utilement la cause du divorce qu'en la plaçant sous l'égide d'aussi illustres défenseurs; il rappelait en même temps que les adversaires de l'indissolubilité du mariage ne soutenaient pas une idée nouvelle. Au XVIᵉ siècle, en effet, Montaigne avait écrit dans ses *Essais :*

« Nous avons pensé attacher plus ferme le nœud de nos mariages pour avoir osté tout moyen de les dissouldre; mais d'autant s'est desprins et relasché le nœud de la volonté et de l'affection que celuy de la contraincte s'est estrecy : et, au rebours, ce qui teint les mariages, à Rome, si long-temps en honneur et seureté, feut la liberté de les rompre qui voudroit; ils gardoient mieulx leurs femmes d'autant qu'ils les pouvoient perdre; et, en pleine licence de divorces, il se passa cinq cents ans, et plus, avant que nul s'en servist.

» *Quod licet ingratum est; quod non licet, acrius urit.* »
(OVIDE, *Amor.*, II, 19, 3 [1].)

Cette pensée figure en exergue sur la plupart des ouvrages qui ont réclamé le rétablissement du divorce; elle a été

---

[1]. Montaigne, *Essais*, liv. II, ch. XV.

maintes fois évoquée dans les assemblées représentatives appelées à légiférer sur cette institution, et l'auteur des *Essais* a longtemps passé pour le précurseur du divorce.

Charron, contemporain et disciple de Montaigne, partagea ses idées; dans son traité *de la Sagesse*, il s'étendit avec complaisance sur les inconvénients du mariage indissoluble : « Que s'il advient, disait-il, d'avoir mal rencontré, s'estre mescompté au choix et au marché et que l'on aye prins plus d'os que de chair, l'on demoure misérable toute sa vie. Quelle iniquité et injustice pourroit estre plus grande que pour une heure de fol marché, pour une faute faite sans malice et par mesgarde, et bien souvent pour obéir et suyvre l'advis d'autruy, l'on soit obligé à une peine perpétuelle? Il vaudroit mieux se mettre la corde au col et se jetter en la mer la teste la première, pour finir ses jours bientost que d'estre tousjours aux peines d'enfer, et souffrir sans cesse à son costé la tempeste d'une jalousie, d'une malice, d'une rage et manie, d'une bestise opiniastre, et autres misérables conditions : dont l'un a dict que qui avoit inventé ce nœud et lien de mariage, avoit trouvé un bel et spécieux expédient pour se venger des humains, une chausse-trape ou un filet pour attraper les bestes, et puis les faire languir à petit feu. L'autre a dict que marier un sage avec une folle, ou au rebours, c'estoit attacher le vif avec le mort; qui estoit la plus cruelle mort inventée par les tyrans pour faire languir et mourir le vif par la compagnie du mort[1]. »

Dans le même chapitre Charron insinuait que « le mariage ne se porte pas de mesme façon et n'a pas mesmes loix et règles partout; selon les diverses religions et nations il a ses règles ou plus lasches et larges ou plus étroittes : selon la Chrestienté la plus étroitte de toutes, le mariage est fort subjet et tenu de court. Il n'a que l'entrée libre, sa durée est toute contrainte, dépendant d'ailleurs que de nostre vouloir. Les autres nations et religions, pour rendre le mariage plus aysé, libre et fertile, reçoyvent et pratiquent la polygamie et

---

1. Charron, *De la Sagesse,* liv. I, ch. vi, éd. de 1604.

la répudiation, liberté de prendre et laisser femmes; accusent la Chrestienté d'avoir tollu ces deux et par ce moyen préjudicié à l'amitié et multiplication fins principales du mariage : d'autant que l'amitié est ennemie de toute contrainte : et se maintient mieux en une honneste liberté. A tout cela on répond que le Christianisme ne considère pas le mariage par des raisons purement humaines, naturelles, temporelles; mais le regarde d'un autre visage. »

Prétendre que l'indissolubilité du lien conjugal n'est pas sans inconvénients, montrer qu'au point de vue politique la répudiation et le divorce peuvent présenter des avantages, c'était braver un pouvoir qui ne reconnaissait à personne le droit de le juger. La vigilance d'un jésuite, le père Garasse, dénonça Charron comme le *patriarche des esprits forts;* le Parlement, de concert avec la Faculté de théologie, se disposa à supprimer le traité *de la Sagesse* qui contenait du reste d'autres idées hardies, et l'édition de ce livre, parue en 1604, ne reçut l'approbation du roi qu'après avoir été expurgée.

Si, pour être complet, nous mentionnons au passage la *République*, de Bodin, où l'on trouve quelques idées favorables au divorce[1], nous aurons épuisé la liste des vieux écrivains français qui prônèrent le rétablissement de cette institution. Nous eussions volontiers passé sous silence Montaigne, Charron et Bodin dont les vues, toutes spéculatives, n'eurent pas, vraisemblablement, pour objet de modifier les lois matrimoniales de la France; nous les avons signalés pour ne pas laisser dans l'oubli des noms que tous les promoteurs de la loi du 20 septembre 1792 se sont plu à rappeler.

Le xviie siècle s'écoula, agité dans ses débuts par les dernières révoltes du parti protestant, vers son milieu par les guerres de la Fronde; la seconde moitié du grand siècle, si favorable aux divers genres littéraires, laissa peu de place à la philosophie. Avec le xviiie siècle, un déchaînement formidable

---

1. Bodin, *De la République*, liv. I, ch. iii.

de la pensée se produisit; les anciennes institutions politiques, juridiques et religieuses furent impitoyablement passées au crible du libre examen; de toutes parts naquirent sur les pas des grands philosophes des écrivains qui, malgré les persécutions, sapèrent les bases du vieil édifice social.

Le divorce, exclu de la législation française en vertu d'un principe religieux, bénéficia des attaques dirigées contre le catholicisme. Sous des formes diverses, Montesquieu, Diderot, Voltaire, Helvétius, le baron d'Holbach, pour ne citer que les plus célèbres, discutèrent le principe de l'indissolubilité du mariage; à leur suite et dans un but plus pratique, de nombreux écrivains, aujourd'hui tombés dans l'oubli, entreprirent une véritable campagne en faveur du rétablissement du divorce.

Mais, avant d'examiner quelle fut, au xviiie siècle, l'influence des philosophes sur le rétablissement du divorce, il nous paraît curieux de faire connaître à ce sujet l'opinion d'un soldat et celle d'un poète.

Le maréchal de Saxe semblait être l'homme du monde le moins fait pour laisser à la postérité des vues sur le mariage. Élevé au milieu des camps, il s'était décidé à épouser la comtesse de Loben en apprenant qu'elle s'appelait Victoire. L'existence aventureuse des gens de guerre et les passions ardentes s'accommodent mal de la vie conjugale; bientôt las de son titre d'époux, le Maréchal profita des facilités que lui donnaient les lois religieuses de la Confession d'Augsbourg, et à Dresde, en 1721, il se fit surprendre, par six témoins apostés à cet effet, en flagrant délit d'adultère avec une femme de la comtesse de Saxe son épouse. Le divorce fut prononcé sans difficultés.

Le Maréchal mourut en 1750 après une glorieuse carrière militaire, comblé des faveurs du Roi. Il laissait comme œuvres posthumes un ouvrage militaire : *Mes Rêveries*, composé en 1732, et des *Réflexions sur la propagation de l'espèce humaine*.

L'abbé Péron, dans une édition des *Rêveries*, parue en 1754, disait dans son Avertissement : « On a été d'avis que nous conservassions un morceau singulier qui se trouve dans la précédente édition, mais dont il n'est fait nulle mention dans le manuscrit ; c'est celui qui est intitulé *Réflexions sur la propagation de l'espèce humaine.* On verra que le Maréchal, d'ailleurs si profond dans l'art militaire, ne possédait pas de même la science des lois et du gouvernement. On ne peut guère qualifier autrement cette production qu'en lui attribuant en particulier le titre que l'auteur a jugé à propos de mettre à son excellent ouvrage sur la guerre. » *(Mes Rêveries.)*

Le Maréchal, frappé de la dépopulation dont la France souffrait déjà, cherchait un remède à ce mal, et il proposait non point le simple divorce... mais le mariage à terme ! Dans tous les cas, le mariage indissoluble lui paraissait impolitique au dernier chef. « Je suis persuadé, disait-il, que l'on sera un jour obligé de faire quelque changement dans la religion à cet égard : car si l'on considère combien les usages qui y sont établis sont contraires à la propagation, l'on ne sera point étonné de cette diminution...

» Selon les Saintes Écritures, le premier commandement que Dieu fit à l'homme est : *Croissez et multipliez ;* de tous, c'est celui auquel on fait le moins attention[1]... » Suivait tout un plan d'éducation et d'organisation sociale destiné à rendre la stérilité honteuse et à encourager les époux à procréer de nombreux enfants. « Mais pour parvenir plus efficacement à bien peupler, il faudrait établir par les lois qu'aucun mariage à l'avenir ne se ferait que pour cinq ans, et qu'il ne se pourrait renouveler sans dispense s'il n'était né aucun enfant pendant ce temps... Tous les théologiens du monde ne sauraient prouver l'impiété de ce système parce que le mariage n'est établi que pour la population[2]. »

Puis le Maréchal suppliait tous les Français d'avoir dans leur vie trois fils, toutes les Françaises trois filles, et il calculait qu'en se repeuplant de la sorte la France, dans

1. Réflexions sur la propagation de l'espèce humaine.
2. *Id.*

cent quatre-vingts ans, ne compterait pas moins de 978 millions d'habitants!

Quelque vingt ans plus tard, Roucher, dans ce poème des *Mois* qui fut si âprement critiqué par La Harpe, chanta la douleur des époux unis au mépris de leurs goûts par la cupidité des parents, et attachés ensemble avec des chaînes indissolubles. Il demandait qu'on ne laissât point rivés l'un à l'autre des êtres irréconciliables :

> Ah! permettons du moins la plainte à la douleur,
> Ou plutôt si la loi sagement paternelle
> N'opprimait pas l'hymen d'une chaîne éternelle
> Plus de fiel, plus d'aigreur; son front pur et serein
> Ne se noircirait pas des ombres du chagrin;
> On oserait punir le furtif adultère.
> O vous donc qui devez le bonheur à la terre,
> Rois et Législateurs! ouvrez enfin les yeux :
> Assez l'homme a gémi sous un joug odieux;
> Que ce joug soit brisé; qu'une loi plus féconde
> Invite les mortels à réparer le monde
> Et que la liberté soit le lien des cœurs :
> L'amour même à l'hymen enviera ses douceurs[1].

Dans les Remarques qui suivent le poème des *Mois*, Roucher abandonna le soin de traiter *ex professo* la question du divorce à un jeune avocat de talent nommé Garat; l'analyse de cette dissertation trouvera tout naturellement sa place dans la partie de notre travail consacrée aux nombreux traités en faveur du divorce parus dans la seconde moitié du siècle dernier. Mais revenons à la philosophie dont le maréchal de Saxe et Roucher nous ont un moment distrait.

Montesquieu. — Par ses *Lettres Persanes*, dont la vogue fut immense, par son *Esprit des Lois*, dont le succès fut moins rapide mais plus éclatant encore, Montesquieu se place au premier rang des écrivains politiques français. Ces

---

1. Roucher, *Les Mois*, chant XII.

deux ouvrages cachent sous des formes différentes les mêmes
tendances, mais le premier est un livre de jeunesse, rempli
de verve, plein de hardiesse, le second qui reflète plus de
maturité, est condensé en peu de pages, le résultat de vingt
années de réflexions; la sobriété du style, l'allure énigma-
tique de la phrase enveloppent la pensée d'un voile parfois
difficile à soulever; nous aurons quelque peine à discerner
dans l'*Esprit des Lois* des vues bien nettes sur le divorce;
les *Lettres Persanes,* au contraire, nous offrent en sa faveur
un plaidoyer très chaud et dépouillé de réticences.

« Le divorce était permis dans la religion païenne, et il fut
défendu aux chrétiens. Ce changement qui parut d'abord de
si petite conséquence eut insensiblement des suites terribles,
et telles qu'on peut à peine les croire.

» On ôta non seulement toute la douceur du mariage, mais
aussi l'on donna atteinte à sa fin; en voulant resserrer ses
nœuds, on les relâcha; et, au lieu d'unir les cœurs comme
on le prétendait, on les sépara pour jamais.

» Dans une action aussi libre et où le cœur doit avoir tant
de part, on mit la gêne, la nécessité et la fatalité du destin
même. On compta pour rien les dégoûts, les caprices et
l'insociabilité des humeurs; on voulut fixer le cœur, c'est-à-
dire ce qu'il y a de plus variable et de plus inconstant dans
la nature; on attacha sans retour et sans espérance des gens
accablés l'un de l'autre et presque toujours mal assortis; et
l'on fit comme ces tyrans qui faisaient lier les hommes
vivants à des corps morts.

» Rien ne contribuait plus à l'attachement mutuel que la
faculté du divorce; un mari et une femme étaient portés
à soutenir patiemment les peines domestiques, sachant qu'ils
étaient maîtres de les faire finir, et ils gardaient souvent ce
pouvoir en main toute leur vie sans en user, par cette seule
considération qu'ils étaient libres de le faire.

» Il n'en est pas de même des chrétiens que leurs peines
présentes désespèrent pour l'avenir. Ils ne voient dans les
désagréments du mariage que leur durée et, pour ainsi dire,

leur éternité : de là viennent les dégoûts, les discordes, les mépris; et c'est autant de perdu pour la postérité. A peine a-t-on trois ans de mariage qu'on en néglige l'essentiel : on passe ensemble trente ans de froideur : il se forme des séparations intestines aussi fortes, et peut-être plus pernicieuses, que si elles étaient publiques : chacun vit et reste de son côté; et tout cela au préjudice des races futures. Bientôt un homme dégoûté d'une femme éternelle se livrera aux filles de joie : commerce honteux et si contraire à la société, lequel, sans remplir l'objet du mariage, n'en représente tout au plus que les plaisirs.....

» Il est assez difficile de faire bien comprendre la raison qui a porté les chrétiens à abolir le divorce. Le mariage chez toutes les nations du monde est un contrat susceptible de toutes les conventions; et on n'en a dû bannir que celles qui auraient pu en affaiblir l'objet; mais les chrétiens ne le regardent pas dans ce point de vue; aussi ont-ils de la peine à dire ce que c'est. Ils ne le font pas consister dans le plaisir des sens; au contraire, comme je te l'ai déjà dit, il semble qu'ils veuillent l'en bannir autant qu'ils peuvent : mais c'est une image, une figure et quelque chose de mystérieux que je ne comprends point[1]. »

Telles sont les objections que le Persan Usbek formule contre le mariage chrétien; il termine par une critique très fine de la nature même de ce mariage, institution androgyne, à la fois contrat et sacrement, mais contrat d'un ordre tout spécial qui, pour être parfait, exige l'intervention du ciel; sacrement d'une espèce à part, dépourvu de signe sensible.

L'auteur des *Lettres Persanes* n'éprouvait nul scrupule à faire discourir de la sorte Usbek et Rhédi; l'ouvrage publié en Hollande n'était pas signé, et l'on pouvait toujours prétendre qu'il était loisible de faire parler des étrangers conformément aux traditions de leurs pays sans pour cela partager leur manière de voir. Au contraire, l'*Esprit des Lois* com-

---

1. *Lettres Persanes,* CXVI. Usbek à Rhédi.

posé dans une autre forme, fruit de longues méditations, ne pouvait se prêter à l'équivoque et c'est là seulement qu'il faut rechercher les vues de Montesquieu sur l'utilité politique du divorce, sur sa légitimité, et sur l'opportunité de son rétablissement.

C'est une affirmation assez accréditée que Montesquieu s'est nettement prononcé dans l'*Esprit des Lois* en faveur du divorce. Deux ou trois phrases de cet ouvrage semblent, au premier abord, l'établir sans conteste. Un examen plus approfondi ne révèle que contradictions au moins apparentes et point de vues d'ensemble, de système coordonné sur la légitimité, les avantages et les inconvénients du divorce. Montesquieu prononce souvent les mots : divorce et répudiation, mais c'est en vingt endroits divers ; ici plus qu'en toute autre matière peut-être il « pense par résumés... souvent même le résumé a un air d'énigme »[1].

Sa théorie même du mariage manque de clarté. A son avis le mariage a son fondement dans la loi naturelle, dans l'instinct qui porte les sexes à s'unir : « Partout où il se trouve une place où deux personnes peuvent vivre commodément, il se fait un mariage[2]. » Mais ce qui, chez l'homme, différencie l'union conjugale des simples rapprochements communs à toutes les espèces animales, c'est le caractère de perpétuité de cette union, caractère qui résulte du temps nécessaire à l'éducation des enfants : « l'obligation naturelle qu'a le père de nourrir ses enfants a fait établir le mariage qui déclare celui qui doit remplir cette obligation... Cette obligation chez les animaux est telle que la mère peut ordinairement y suffire. Elle a beaucoup plus d'étendue chez les hommes : leurs enfants ont de la raison, mais elle ne leur vient que par degrés : il ne suffit pas de les nourrir, il faut encore les conduire : déjà ils pourraient vivre et ils ne peuvent pas se gouverner[3]. »

1. Taine; *Origines de la France contemporaine. Ancien régime.*
2. *Esprit des Lois*, liv. XXIII, ch. II.
3. *Id.*

Cohabitation des parents jusqu'à l'entière éducation des enfants, tel est d'après Montesquieu le fondement naturel de la famille. Les lois religieuse et civile interviennent alors, et voici selon l'*Esprit des Lois* pourquoi la loi religieuse est intervenue : « Il est arrivé dans tous les pays et dans tous les temps que la religion s'est mêlée des mariages. Dès que certaines choses ont été regardées comme impures ou illicites et que cependant elles étaient nécessaires, il a bien fallu y appeler la religion pour les légitimer dans un cas et les réprouver dans les autres[1]. Quant à l'intervention de la loi civile, sa nécessité n'avait pas besoin d'être longuement motivée; « les mariages étant de toutes les actions humaines celle qui intéresse le plus la société, il a bien fallu qu'ils fussent réglés par les lois civiles[2]. »

Puis l'auteur de l'*Esprit des Lois* départage la sphère d'application de la loi religieuse et de la loi civile, mais avec un laconisme voisin de l'obscurité. « Tout ce qui regarde le caractère du mariage, sa forme, la manière de le contracter... tout cela est du ressort de la religion. Les conséquences de cette union par rapport aux biens, les avantages réciproques, tout ce qui a du rapport à la famille nouvelle, à celle dont elle est sortie, à celle qui doit naître; tout cela regarde les lois civiles[3]. » Enfin Montesquieu semble revenir sur ces distinctions en reconnaissant à la loi civile le droit d'ajouter des conditions de validité spéciales à la forme religieuse des mariages, pourvu toutefois que ces formes additionnelles soient complémentaires des formes religieuses et non pas opposées à elles.

Quelles vont être les conséquences de cette théorie du mariage relativement à l'indissolubilité du lien conjugal? L'auteur les déduit lui-même : « Il suit de là que c'est à la loi de la religion à décider si le lien sera indissoluble ou non : car si les lois de la religion avaient établi le lien indis-

---

1. *Esprit des Lois*, liv. XXVI, ch. xiii.
2. *Id.*
3. *Esprit des Lois*, liv, XXIII, chap. xiii.

soluble et que les lois civiles eussent réglé qu'il se peut rompre, ce seraient deux choses contradictoires[1]. »

Cependant, nous l'avons dit, il n'y a pas dans l'*Esprit des Lois* de théorie d'ensemble sur le divorce. Les auteurs qui ont cité Montesquieu à ce propos n'ont guère retenu de lui qu'une phrase : « Le divorce a ordinairement une grande utilité politique, et quant à l'utilité civile, il est établi pour le mari et pour la femme et n'est pas toujours favorable aux enfants. » Mais, à notre avis, Montesquieu, en reconnaissant au divorce une grande utilité politique, a simplement entendu dire que la possibilité de dissoudre un mariage améliore les mœurs, favorise la repopulation, diminue le nombre des célibataires. Ce qu'il n'a jamais affirmé, c'est la nécessité de rétablir le divorce en France.

L'auteur de l'*Esprit des Lois* n'envisage et ne traite, du reste, qu'un côté de la question; il ne se demande pas, comme le législateur de 1792, si l'homme peut aliéner sa liberté, si le consentement mutuel peut en matière de mariage, comme dans tout contrat fondé sur le consentement, dénouer les liens qu'il a formés, si les enfants sont moins à plaindre après le divorce qu'après la séparation de corps; tout cela lui demeure étranger; un seul point le préoccupe : éviter à des époux qui ne peuvent cohabiter les dangers du célibat et favoriser du même coup la repopulation. Ainsi, selon l'ancienne loi romaine, l'absence du mari était pour la femme un cas de divorce, il blâme Justinien d'avoir établi une règle contraire : « Justinien établit que quelque temps qui se fût écoulé depuis le départ du mari, elle (la femme) ne pouvait se remarier à moins que par la déposition et le serment du chef elle ne prouvât la mort de son mari. Justinien avait en vue l'indissolubilité du mariage, mais on peut dire qu'il l'avait trop en vue. Il demandait une preuve positive lorsqu'une preuve négative suffisait; il exigeait une chose très difficile : de rendre compte de la destinée d'un homme éloigné et exposé

---

1. *Esprit des Lois*, liv. XXIII, ch. x.

à tant d'accidents, il présumait un crime, c'est-à-dire la désertion du mari, lorsqu'il était si naturel de présumer sa mort ;
il choquait le bien public en laissant une femme sans mariage ;
il choquait l'intérêt particulier en l'exposant à mille dangers. »
Montesquieu fait ici bon marché du principe de l'indissolubilité, car il cherche à prouver, dans ce chapitre, « que les choses
qui doivent être réglées par les principes du droit civil peuvent
rarement l'être par les principes des lois de la religion, thèse,
au reste, difficilement conciliable avec celle du chapitre XIII,
livre XXVI, où l'auteur subordonne le principe de l'indissolubilité du lien conjugal à la loi religieuse et non à la loi civile. »

En réalité, Montesquieu n'envisage le divorce qu'à un point
de vue restreint, sans se préoccuper de sa légitimité, ni de
l'opportunité de son rétablissement.

Et cependant, si l'on essayait de mesurer l'influence indirecte qu'a pu exercer l'*Esprit des Lois* sur la législation
révolutionnaire du mariage et du divorce, il ne serait pas
impossible d'en préciser l'étendue. Qu'on ne l'oublie pas,
« Montesquieu, quand il publia l'*Esprit des Lois,* fit paraître
l'ouvrage à Genève et était tout prêt à le désavouer[1]. » Ces
craintes n'étaient pas absolument chimériques ; à peine le
livre eut-il paru que « la Sorbonne, avertie, excitée par les cris
de quelques obscurs fanatiques et craignant peut-être de se
compromettre elle-même par son silence, voulut procéder à
la censure de l'*Esprit des Lois* »[2]. Les *Nouvelles ecclésiastiques,* misérable libelle périodique, avaient accusé Montesquieu
d'irréligion avec un tel acharnement qu'il crut devoir se justifier dans une *Défense.* Le Père Routh, enfin, publia, après la
mort du grand écrivain, un prétendu désaveu où l'on faisait
dire au défunt « que c'était le goût du neuf et du singulier,
le désir de passer pour un esprit supérieur aux préjugés et
aux maximes communes... qui lui avaient mis les armes à la
main contre la religion »[3].

1. G. Maugras, *Voltaire et Rousseau.*
2. *Vie de Montesquieu,* par L.-G. Auger.
3. *Id.*

Ces efforts réunis des Jésuites et des Jansénistes pour dénoncer l'œuvre de Montesquieu, n'étaient pas irraisonnés. L'*Esprit des Lois* portait en lui, sous le couvert de sa gravité et de sa philosophie éclectiqué, le germe le plus nuisible au catholicisme : le principe du libre examen. Au lieu de placer sur un sommet inaccessible à la critique la religion chrétienne, de la prendre comme critérium et d'en faire découler, comme de la source de toute vérité, l'étude des lois et des institutions humaines, Montesquieu s'élevait au-dessus des temps, des nations et des religions ; il étudiait les réactions complexes, les rapports nécessaires qui s'établissent entre le climat, les constitutions politiques et les religions ; aux lois, il assignait des bornes ; il précisait dans quelles limites la loi naturelle, la loi civile et la loi religieuse devaient s'appliquer ; il enseignait « *qu'il ne faut point discuter par les préceptes de la religion lorsqu'il s'agit de la loi naturelle* ». Il croyait à la supériorité de la loi civile sur la loi religieuse au cas de conflit ; il ne considérait pas le mariage chrétien, monogamique et indissoluble comme le seul digne de ce nom ; au contraire, la polygamie lui paraissait appropriée aux climats du midi et, sans une pieuse horreur, il recherchait l'origine et les causes de la polyandrie. Cette méthode d'observation et de critique, il l'appliquait à la religion catholique elle-même, et pour qu'on ne la crût pas hors de pair et au-dessus de sa philosophie, il disait explicitement : « Je n'examinerai les diverses religions du monde que par rapport aux biens que l'on en tire dans l'état civil, soit que je parle de celle qui a sa racine dans le ciel, ou bien de celles qui ont la leur sur la terre. »

Quelque enveloppée et respectueuse qu'elle fût, cette doctrine n'en était pas moins dangereuse pour le dogme catholique et les institutions qui en portaient la marque. Faire descendre la religion chrétienne de son piédestal, l'envisager seulement au point de vue de son utilité politique, la comparer aux autres religions, rendre hommage à des institutions qu'elle condamne, assigner des bornes précises à son droit de réglementation, la placer en cas de conflit au-dessous de la loi civile, c'était porter atteinte à son prestige et accoutumer les esprits aux idées de sécularisation qui devaient aboutir à la Constitution de 1791, dont le mariage civil et le divorce furent la conséquence. A cette action, indirecte il est vrai, mais sans doute efficace, doit être restreinte l'influence de Montesquieu sur le rétablissement du divorce en France.

Voltaire. — Voltaire a rempli le XVIIIᵉ siècle; rien ne lui est demeuré étranger, depuis les sciences les plus diverses jusqu'aux genres de poésie les plus variés. Il a porté dans dans toutes ses œuvres le cachet d'une admirable clarté et d'un spirituel bon sens.

Si tout le monde lui reconnaît un grand talent, beaucoup lui ont refusé le génie; que restera-t-il de sa gloire littéraire? Nous l'ignorons; ce qui ne périra certainement pas, c'est le souvenir de sa lutte acharnée contre toutes les superstitions, ses plaidoyers en faveur de la tolérance, des faibles, des persécutés, son activité infatigable pour les descendants des Calas, des Sirven, des Lally-Tollendal, sa supplique pour les serfs du Mont-Jura.

Le mariage avait un caractère essentiellement religieux; ses formes, la plupart de ses empêchements dépendaient du droit canon; tous ceux qui n'appartenaient pas à l'Église romaine ne pouvaient se marier qu'au prix d'une abjuration; ceux qui n'avaient pas le bonheur de croire étaient forcés de se soumettre à un cérémonial et à des formalités auxquels ils répugnaient; le seul remède que l'on apportât aux unions mal assorties était la séparation de corps; le divorce, enfin, était prohibé, non point pour des raisons sociales peut-être fort respectables, mais en vertu d'un principe dogmatique essentiellement propre à la religion catholique romaine. Il n'en fallait pas davantage pour que Voltaire s'attaquât à cette institution à la fois civile et religieuse du mariage et réclamât en faveur des époux malheureux la faculté de divorcer.

« Le mariage, écrit-il, est un contrat du droit des gens

dont les catholiques romains ont fait un sacrement. Mais le sacrement et le contrat sont deux choses bien différentes : à l'un sont attachés les effets civils, à l'autre les grâces de l'Église.

» Ainsi, lorsque le contrat se trouve conforme au droit des gens, il doit produire les effets civils. Le défaut de sacrement ne doit opérer la privation que des grâces spirituelles.

» Telle a été la jurisprudence de tous les siècles et de toutes les nations excepté des françaises[1]. »

Il donne ailleurs une définition du mariage et insiste sur la distinction qu'il convient de faire entre le contrat et le sacrement. « Le mariage dans l'ordre civil est une union légitime de l'homme et de la femme pour avoir des enfants, pour les élever et leur assurer les droits des propriétés sous l'autorité de la loi. Afin de constater cette union, elle est accompagnée d'une cérémonie religieuse regardée par les uns comme un sacrement, par les autres comme une pratique du culte public; vraie logomachie qui ne change rien à la chose. Il faut donc distinguer deux parties dans le mariage : le contrat civil ou l'engagement naturel et le sacrement ou la cérémonie sacrée. Le mariage peut donc subsister avec tous ses effets naturels et civils indépendamment de la cérémonie religieuse[2]. »

Et quelle doit être à son avis la conséquence directe de la sécularisation du mariage? C'est le rétablissement du divorce dont la prohibition est intimement liée à la conception du mariage religieux catholique : « L'empereur Joseph II vient de donner à ses peuples une nouvelle législation sur les mariages Par cette législation le mariage devient ce qu'il doit être : un simple contrat civil. Il a également autorisé le divorce sans exiger d'autre motif que la volonté constante des époux. Sur ces deux objets plus importants qu'on ne croit pour la morale et la prospérité des États il a donné un grand exemple qui sera suivi par les autres nations de l'Europe quand elles

1. *Dictionnaire philosophique*, v° *Mariage*.
2. *Dictionnaire philosophique*, v° *Droit canonique*. Section VI.

commenceront à sentir qu'il n'est pas plus raisonnable de consulter sur la législation les théologiens que les danseurs de corde[1]. »

Et de fait ces deux principes de la sécularisation du mariage et du divorce parurent aux hommes de la Révolution si conformes l'un à l'autre qu'après l'institution du mariage civil beaucoup de personnes crurent que par voie de conséquence le divorce était rétabli.

Voltaire reprochait du reste à l'Église d'avoir, en des temps de barbarie et d'ignorance, abusé de son pouvoir spirituel pour substituer aux diverses législations matrimoniales qu'elle avait d'abord respectées bien qu'elles admissent le divorce, la règle inflexible de l'indissolubilité du mariage. Il montrait les inconvénients de ce principe et réclamait avec énergie le rétablissement du divorce dans un court factum publié en 1767 à la suite des *Instructions pour le prince royal de* ***, et réimprimé depuis dans le *Dictionnaire philosophique* tantôt au mot « Divorce », tantôt au mot « Adultère », sous le titre de *Mémoire d'un magistrat écrit vers l'an 1764.*

Ce morceau, dont nous allons reproduire les principaux passages, est extrêmement curieux. Ainsi que son titre l'indique, le fond en est dû à un certain Philibert, préteur à Landau. Ce magistrat obscur, après avoir soumis son mémoire à l'auteur des *Instructions pour le prince royal de* ***, devait l'année suivante (1768) le faire paraître lui-même sous le titre de *Cri d'un honnête homme qui se croit fondé en droit naturel et divin à représenter à la législation française les motifs de justice tant ecclésiastique que civile et les vues d'utilité tant morale que politique qui militeraient pour la dissolution du mariage dans de certaines circonstances données.*

Le *Cri d'un honnête homme* ayant été le point de départ de toute une littérature favorable au rétablissement du divorce

---

1. *Dictionnaire philosophique,* v° *Adultère,* note.

nous en rendrons compte à une autre place. Voici le résumé
qu'en faisait Voltaire un an avant sa publication :

Mémoire d'un magistrat écrit vers l'an 1764. — « Le
principal magistrat d'une ville de France a le malheur d'avoir
une femme qui a été débauchée par un prêtre avant son
mariage et qui depuis s'est couverte d'opprobre par des
scandales publics. Cet homme, âgé de quarante ans, vigou-
reux et d'une figure agréable, a besoin d'une femme; il est
trop scrupuleux pour chercher à séduire l'épouse d'un autre,
il craint même le commerce d'une fille ou d'une veuve qui
lui servirait de concubine. Dans cet état inquiétant et dou-
loureux, voici le précis des plaintes qu'il adresse à son
Église :

» Mon épouse est criminelle et c'est moi qu'on punit. Une
autre femme est nécessaire à la consolation de ma vie, à ma
vertu même; et la secte dont je suis me la refuse; elle me
défend de me marier avec une fille honnête. Les lois civiles
d'aujourd'hui, malheureusement fondées sur le droit canon,
me privent des droits de l'humanité. L'Église me réduit à
chercher ou des plaisirs qu'elle réprouve ou des dédomma-
gements honteux qu'elle condamne; elle veut me forcer d'être
criminel.

» Je jette les yeux sur tous les peuples de la terre: il n'y en
a pas un seul, excepté le peuple catholique romain, chez qui
le divorce et un nouveau mariage ne soient de droit
naturel.

» Quel renversement de l'ordre a donc fait chez les catholiques une vertu de souffrir l'adultère et un devoir de
manquer de femme quand on a été indignement outragé
par la sienne?

» Pourquoi un lien pourri est-il indissoluble, malgré la
grande loi adoptée par le code: *quidquid ligatur dissolubile
est?* On me permet la séparation de corps et de biens et on
ne me permet pas le divorce. La loi peut m'ôter ma femme
et elle me laisse un nom qu'on appelle sacrement! Je ne

jouis plus du mariage et je suis marié. Quelle contradiction! Quel esclavage! Et sous quelles lois avons-nous reçu la naissance!.....

» Le divorce a été en usage chez les catholiques sous tous les empereurs; il l'a été dans tous les états démembrés de l'Empire romain. Les Rois de France qu'on appelle de la première race ont presque tous répudié leurs femmes pour en prendre de nouvelles. Enfin il vint un Grégoire IX, ennemi des Empereurs et des Rois, qui par un décret fit du mariage un joug insecouable; sa décrétale devint la loi de l'Europe. Quand les rois voulurent répudier leur femme adultère selon la loi de Jésus-Christ ils ne purent en venir à bout; il fallut chercher des prétextes ridicules. Louis le Jeune fut obligé pour faire son malheureux divorce avec Éléonore de Guienne d'alléguer une parenté qui n'existait pas. Le roi Henri IV, pour répudier Marguerite de Valois, prétexta une cause encore plus fausse, un défaut de consentement. Il fallut mentir pour faire un divorce légitimement.....

» Que nos prêtres, que nos moines renoncent aux femmes, j'y consens; c'est un attentat contre la population, c'est un malheur pour eux, mais ils méritent ce malheur qu'ils se sont fait eux-mêmes. Ils ont été les victimes des papes qui ont voulu avoir en eux des esclaves, des soldats sans famille et sans patrie vivant uniquement pour l'Église: mais moi, magistrat qui sers l'État toute la journée, j'ai besoin le soir d'une femme; et l'Église n'a pas le droit de me priver d'un bien que Dieu m'accorde..... »

Voltaire, nous l'avons dit, avait emprunté la substance de ce morceau à un mémoire de Philibert. Il crut devoir en écrire le pendant; c'est son *Mémoire pour les femmes* qu'il présentait en ces termes au lecteur:

« L'équité demande qu'après avoir écrit ce mémoire en faveur des maris nous mettions aussi sous les yeux du public le plaidoyer en faveur des mariées présenté à la Junte de Portugal par une comtesse d'Arcira. » Suivait un factum assez terne, où le philosophe réclamait pour les femmes l'égalité devant la loi : « Si vous êtes sans péchés, rasez-moi, prenez mon bien ; mais si vous avez fait plus de péchés que moi, c'est à moi de vous raser, de vous faire enfermer et de m'emparer de votre fortune. En fait de justice, les choses doivent être égales[1]. »

L'intrusion de l'autorité religieuse dans la législation matrimoniale exaspérait l'auteur du *Dictionnaire philosophique*, et dans le *Prix de la justice et de l'humanité*, publié en 1777, nous retrouvons les mêmes sarcasmes dédaigneux pour la législation civile qui s'est dessaisie, au profit du clergé, de la réglementation du mariage. Il s'élève contre les peines gothiques de l'adultère et contre le scandale des procès en séparation qui couvrent de ridicule l'époux innocent :

« Lorsqu'à la honte des familles, écrit-il, de tels procès éclatent, quand la justice sépare les deux conjoints, il y a un autre inconvénient dans la moitié de l'Europe. Cette moitié se gouverne encore par ce qu'on appelle le droit canon. Cette étrange jurisprudence, qui fut longtemps l'unique loi, ne considère dans le mariage qu'un signe visible d'une chose invisible, de sorte que deux époux étant séparés par les lois de l'État la chose invisible subsiste encore quand le signe visible est détruit. Les deux époux sont réellement divorcés et cependant ils ne peuvent, par la loi, se pourvoir ailleurs ; des paroles inintelligibles empêchent un homme séparé légalement de sa femme d'en avoir légalement une autre quoiqu'elle lui soit nécessaire. Il reste à la fois marié et célibataire. Cette contradiction extravagante n'est pas la seule qui subsiste dans ces pays où l'ancienne jurisprudence ecclésiastique est mêlée avec la loi de l'État. Les princes, les rois, y sont liés eux-mêmes par ces chaînes ridicules et funestes ; ils sont obligés de mentir hautement devant Dieu pour obtenir par grâce un divorce sous un autre nom de la part d'un prêtre étranger. Ce prêtre déclare, quand il veut, le mariage nul, au lieu de le déclarer rompu. »

---

1. *Dictionnaire philosophique*. v° *Adultère*.

En somme, Voltaire, sans réclamer nulle part le mariage civil, proprement dit, avec des formes spéciales, demande la sécularisation du mariage, c'est-à-dire la distinction très nette du contrat et du sacrement. Le mariage religieux lui paraît être, à la rigueur, un mode acceptable de constater l'union des époux, mais il entend qu'on n'y confonde point la bénédiction nuptiale, sacrement qui s'adresse aux catholiques et que l'Église peut seulement réglementer à ce titre, avec le contrat naturel et civil qui, dans tous les temps, indépendamment de toute confession religieuse, constitue une des bases de la société; à ce dernier point de vue le mariage est la chose du prince; c'est à lui qu'il appartient d'y apposer des empêchements, d'en apprécier la validité, d'en prononcer la nullité; la conséquence de tout ce système, c'est le rétablissement du divorce dont il fait ressortir l'utilité politique, du divorce institution ancienne et générale, disparue lorsqu'on substitua, pour réglementer les mariages, la loi religieuse à la loi civile, et qui sera rétabli lorsque la loi civile reprendra l'exercice de ses droits.

Voltaire personnifie cette réaction violente de la fin du XVIIIe siècle contre la tutelle du clergé. Le pouvoir royal qui, en 1685, avait à peu près réussi grâce à des persécutions sanglantes à établir en France au profit de la confession romaine l'unité de religion, devait être impuissant à étouffer la voix de ceux qui, malgré La Bastille pour leur personne, le feu pour leurs livres, ne cessèrent de réclamer la liberté de conscience et la neutralité religieuse de l'État.

Diderot. — Voltaire avait reconnu l'utilité du mariage et considéré l'adultère comme un crime. Diderot, plus hardi, devait aller jusqu'à soutenir que le mariage était une institution vieillie, caduque, contraire à la loi naturelle, incompatible avec l'organisme humain, une gêne funeste à laquelle la société était redevable de beaucoup de ses vices. L'examen des théories de Diderot sur le mariage ne nous écartera pas absolument de notre sujet; le divorce, en effet, peut être compris de diverses manières : soit, ainsi que dans notre droit actuel, comme une exception au principe de la perpétuité du mariage, exception qui, loin d'affaiblir la règle, la consacre, soit, ainsi que sous l'empire de la loi de 1792, comme une application pure et simple de règles propres aux contrats consensuels, permettant aux époux de rompre à leur gré, et sans qu'il soit besoin de griefs, l'union librement consentie. La théorie de Diderot qui assigne aux ménages une durée obligatoire de trois mois, après quoi les deux époux sont libres d'aller former d'autres liens, se rapproche donc de certaines conceptions du divorce.

C'est dans le Supplément au Voyage de Bougainville que Diderot donne libre carrière à son imagination. Bougainville avait, de 1766 à 1769, fait le tour du monde, voyage alors excessivement rare et qu'aucun Français n'avait accompli avant lui. La relation de ce voyage parut en 1771 et 1772. Diderot nous apprend dans son Supplément qu'il possède un chapitre inédit de cet ouvrage. C'est un moyen de nous initier aux mœurs quelque peu imaginaires des habitants d'Otaïti, et de nous offrir en exemple la façon très simple et très touchante dont ces prétendus sauvages ont réglementé les plaisirs des sens.

L'aumônier de Bougainville a reçu l'hospitalité chez Orou, vieillard d'Otaïti, et dès le premier soir Orou est venu lui offrir sa propre fille. Thia vient d'atteindre l'âge de la puberté, elle n'a jamais été fécondée, c'est pour elle un honneur et une richesse de devenir mère et elle joint ses larmes aux supplications du vieillard. L'aumônier, après s'être longtemps défendu, finit par céder. L'allégresse est générale, et le lendemain le vieil Orou se fait initier aux mœurs des peuples blancs; elles lui paraissent contraires à la nature et, fort disert pour un sauvage, il les critique avec esprit, en exposant à son interlocuteur les lois matrimoniales de son pays. Tout d'abord, une chose l'étonne au plus haut point, c'est qu'en Europe les femmes soient la propriété exclusive de leur mari et qu'elles ne puissent disposer de leur personne sans contrevenir aux lois expresses du grand Ouvrier de la nature; et il s'indigne :

« Ces préceptes singuliers je les trouve opposés à la nature et contraires à la raison; faits pour multiplier les crimes et fâcher à tout moment le vieil Ouvrier qui a tout fait sans mains, sans tête, sans outils; qui est partout et qu'on ne voit nulle part; qui dure aujourd'hui et demain et qui n'a pas un jour de plus; qui commande et qui n'est pas obéi; qui peut empêcher et qui n'empêche pas; contraires à la nature parce qu'ils supposent qu'un être pensant, sentant et libre peut être la propriété d'un être semblable à lui : sur quoi ce droit serait-il fondé? Ne vois-tu pas qu'on a confondu, dans ton pays, la chose qui n'a ni sensibilité, ni pensée, ni désir, ni volonté, qu'on quitte, qu'on prend, qu'on garde, qu'on échange sans qu'elle souffre et sans qu'elle se plaigne, avec la chose qui ne s'échange point, ne s'acquiert point; qui a liberté, volonté, désir; qui peut se donner ou se refuser pour toujours; qui se plaint et qui souffre et qui ne saurait devenir un effet de commerce sans qu'on oublie son caractère et qu'on fasse violence à la nature; contraires à la loi générale des êtres. Rien, en effet, te paraît-il plus insensé qu'un précepte qui proscrit le changement qui est en nous; qui commande une constance qui n'y peut être et qui viole la liberté du mâle et de la femelle en les enchaînant pour jamais l'un à l'autre; qu'une fidélité qui borne la plus capricieuse des jouissances à un même individu... »

On voit quelle indignation excite le mariage monogamique et perpétuel chez le vieux sauvage; à Otaïti, où les mœurs sont pures, il n'y a guère qu'une loi : c'est que l'union des sexes ne saurait recevoir d'entraves quand elle a pour but d'augmenter la population; une jeunesse nombreuse et saine fait la richesse du pays; des faveurs spéciales accompagnent la procréation de chaque nouvel enfant; les mères les plus fécondes sont les plus riches, comme elles sont les plus honorées. Dès que la femme a senti tressaillir en elle le fruit de son amour, son époux peut porter ailleurs son affection et sa vigueur; l'épouse, de son côté, est libre de disposer d'elle-même; ce n'est point la communauté absolue des femmes, puisque les enfants connaissent leur père, c'est du moins un mariage singulier et dont la durée est limitée à l'accomplissement de son but immédiat.

Diderot, du reste, résume là-dessus toutes ses idées dans un dialogue en forme de catéchisme, dont la première question est :

« — Le mariage est-il dans la nature? »

Et l'interlocuteur de répondre :

« — Si vous entendez par le mariage la préférence qu'une femelle accorde à un mâle sur tous les autres mâles, ou celle qu'un mâle donne à une femelle sur toutes les autres femelles; préférence mutuelle, en conséquence de laquelle il se forme une union plus ou moins durable, qui perpétue l'espèce par la reproduction des individus, le mariage est dans la nature.

» — Mais la constance?

» — Je ne vous en dirai rien de mieux que ce qu'en a dit Orou à l'aumônier. Pauvre vanité de deux enfants qui s'ignorent eux-mêmes et que l'ivresse d'un instant aveugle sur l'instabilité de tout ce qui les entoure!

» — Et la fidélité, ce rare phénomène?

» — Presque toujours l'entêtement et le supplice de l'honnête homme et de l'honnête femme dans nos contrées, chimère à Otaïti[1]. »

Et voulez-vous qu'on vous explique comment il est arrivé « qu'un acte dont le but est si solennel et auquel la nature nous invite par l'attrait le plus puissant, que le plus grand, le plus doux, le plus innocent des plaisirs soit devenu la source la plus féconde de notre dépravation et de nos maux? »

« Orou l'a fait entendre dix fois à l'aumônier; écoutez-le donc encore et tâchez de le retenir.

» C'est par la tyrannie de l'homme, qui a converti la possession de la femme en une propriété.

---

1. *Supplément au Voyage de Bougainville.*

» Par les mœurs et les usages, qui ont surchargé de conditions l'union conjugale.

» Par les lois civiles, qui ont assujetti le mariage à une infinité de formalités.

» Par la nature de notre société, où la diversité des fortunes et des rangs a institué des convenances et des disconvenances.

» Par une contradiction bizarre et commune à toutes les sociétés subsistantes où la naissance d'un enfant, toujours regardée comme un accroissement de richesse pour la nation, est plus souvent et plus sûrement encore un accroissement d'indigence dans la famille.

» Par les vues politiques des souverains qui ont tout rapporté à leur intérêt et à leur sécurité.

» Par les institutions religieuses qui ont attaché les noms de vices et de vertus à des actions qui n'étaient susceptibles d'aucune moralité. »

Diderot ne croit pas que la loi civile puisse procurer la paix et le bonheur quand elle est en contradiction avec la loi naturelle; d'après lui, l'effort perpétuel de notre civilisation, en vue de modeler l'homme naturel sur un idéal de convention, est tout le secret de nos misères. « Il existait un homme naturel; on a introduit au dedans de cet homme un homme artificiel et il s'est élevé dans la caverne une guerre civile qui dure toute la vie. »

On retrouve ces mêmes théories sur les plaisirs de l'amour, sur la pudeur, sur le mariage, dans la *Suite du Rêve de d'Alembert;* mais ici, à force d'être logique avec lui-même, Diderot en arrive à flétrir la chasteté et la continence, et il aboutit à des conséquences d'un cynisme tel que nous ne saurions les indiquer. C'est le dernier degré du paradoxe.

Ce penchant au paradoxe est, du reste, un caractère essentiel de son esprit; le *Supplément au Voyage de Bougainville* et la *Suite du Rêve de d'Alembert* en sont de curieux exemples. Ces élucubrations, qui nous paraissent aujourd'hui incohérentes et inacceptables, n'en eurent pas moins pour effet d'ébranler l'antique notion du mariage chrétien.

Toussaint. — En 1748, l'année même où Montesquieu publiait l'*Esprit des Lois*, parut un livre intitulé *les Mœurs*. C'était une sorte de « théologie naturelle » où les idées les plus audacieuses étaient exposées avec une hardiesse à laquelle on n'était pas encore habitué. Toussaint, ancien avocat, puis homme de lettres, en était l'auteur ; il dut fuir devant les rigueurs qui n'épargnèrent point son livre et dont sa personne était menacée. Après avoir reconnu dans *les Mœurs* qu' « il importait au bon ordre de la société que le mariage fût un engagement pour la vie » et que « la nature elle-même semble en avoir fait un précepte », il réclamait le rétablissement du divorce comme une exception à la règle, nécessitée par certaines situations malheureuses qu'on ne pouvait pas laisser sans issue et par des motifs d'utilité publique.

Toussaint, en déclarant conforme à la loi naturelle le principe de l'indissolubilité du mariage, « n'entend point blâmer par là les nations chez qui le divorce est permis, ni les accuser d'enfreindre la loi naturelle en le permettant. Ce n'est point modifier une loi que d'y mettre des modifications raisonnables : une équité trop rigide devient souvent injuste par sa rigueur même. Les dispenses et les exceptions, lorsqu'elles ne sont pas fréquentes, loin de détruire la loi servent plutôt à l'affermir : ce serait vouloir l'abroger que de l'étendre à des cas où elle est impraticable. Or il peut arriver, et il arrive en effet, que l'incompatibilité des humeurs rend la concorde impossible entre deux époux. Dans ces cas-là, les peuples les plus sévères permettent une sorte de rupture qu'ils appellent séparation de corps ; elle ne rompt point, . disent-ils, le lien du mariage, elle ne fait que priver les époux de toutes les douceurs de l'union conjugale. Eh ! c'est là précisément l'inconvénient qu'on lui reproche ! Pourquoi faut-il, parce que Pamphile est brusque, grossier, féroce et violent, que la triste Sophonisbe, séparée de ce lâche époux, supporte elle-même la peine qu'il mérite seul de souffrir ? Parce qu'il est indigne d'elle, est-elle indigne de tout autre ? L'obliger de languir dans un austère célibat mille fois plus fâcheux que le plus rigoureux veuvage, c'est la forcer de souhaiter la mort à l'auteur de ses peines, dont le divorce l'eût délivrée.

» Les membres du corps humain sont destinés à lui demeurer unis tant qu'il jouira de la vie, et cependant cette union, quoique naturellement indissoluble, n'empêche pas, s'il en est de gangrenés, qu'on ne les sépare du tronc. Il semble qu'on pourrait de même, sans faire du mariage un simple essai passager, dégager dans des cas extrêmes des époux mal assortis du nœud fatal qui les lie.

» Cette indissolubilité absolue du mariage dont on a fait dans quelques cantons de la terre une maxime de conscience n'en assure que la durée : mais loin d'attacher les époux à leurs devoirs réciproques, elle contribue peut-être plus que toute autre cause à leurs infidélités. Mécontents l'un de l'autre et voyant leur mal sans remède, ils ne songent qu'à le pallier : et, pour adoucir leurs souffrances, ils les déposent et s'en consolent : l'un dans les bras d'une maîtresse, l'autre dans ceux d'un amant.

» C'est sans doute aussi à cette cause qu'il faut attribuer ces commerces clandestins qu'on nomme concubinage. On tremble de serrer des nœuds qu'on ne pourra plus rompre jamais. »

Lavie[1]. — Le président Lavie voyait dans l'indissolubilité du mariage un des ferments de discorde les plus actifs qui pussent séparer deux époux : « Il n'est haine aussi forte, écrivait-il, que celle qui a pris racine dans un mariage indissoluble. C'est cette durée qui aigrit le tourment ; il déchire, il est toujours présent et ne doit pas finir. L'esprit humain peut supporter une douleur dont il envisage le terme : l'idée

---

1. Lavie (Jean-Charles de), né à Bordeaux en 1698, mort à Bordeaux en 1773, fut président au Parlement de cette ville. A laissé un *Abrégé de la République de Bodin* (1755), remanié et publié à nouveau en 1764 sous le titre de *Des Corps politiques et de leurs gouvernements,* et des *Réflexions politiques et morales sur les hommes illustres de Plutarque.*

d'un long avenir l'irrite ; elle bannit l'espérance, seule capable de soutenir et de consoler [1]. »

Quant à la légitimité du divorce, l'auteur des *Corps politiques* croit l'établir d'une manière irréfutable ; elle repose d'après lui sur un véritable pacte commissoire tacite, applicable au mariage comme à tous les contrats d'association et dont l'effet est de résilier ce pacte lorsqu'une des parties contrevient aux conditions expresses ou tacites qui ont accompagné sa formation : « Il est de règle que lorsque les associés violent les conditions expresses ou tacites sous-entendues, la société se doit dissoudre [2]. » Ce raisonnement a été, à diverses époques, repris par certains partisans du divorce qui ont voulu assimiler le mariage aux autres contrats civils, et c'est un des principes qui ont inspiré les dispositions de la loi du 20 septembre 1792.

Lavie, après avoir justifié le divorce, après avoir établi qu'il est conforme aux grandes règles du droit, en montre les avantages politiques ; le plus grand, croit-il, c'est de favoriser la repopulation. Les époux séparés convoleront, et les célibataires maintenant effrayés pas la perpétuité du mariage ne craindront plus d'être emprisonnés dans des liens indissolubles... « Combien de citoyens de l'un et de l'autre sexe se réduisent au célibat par la seule crainte qu'inspire un mariage éternel [3] ! »

Au point de vue historique, l'auteur des *Corps politiques* montre que tous les peuples anciens ont pratiqué le divorce et il reproche au catholicisme moderne d'y avoir substitué l'institution bâtarde des séparations de corps. Il pose enfin d'une manière précise, et pour la première fois peut-être, la question, si souvent débattue depuis, de savoir si le divorce corrompt les mœurs ou si ce sont les mœurs corrompues qui multiplient les divorces. Rome, qui autorisa le divorce pen-

---

1. Lavie, *Des Corps politiques*, 1764, ch. VIII : « S'il est expédient de renouveler la loi de répudiation. »
2. *Id.*
3. Lavie, *Des Corps politiques*, ch. VIII.

dant cinq cents ans sans qu'on en usât, conserva-t-elle des mœurs pures grâce à cette loi ou malgré cette loi? L'usage abusif du divorce, qui s'introduisit dans la suite, engendra-t-il la dépravation des mœurs ou fut-il le résultat de cette dépravation? Tel est l'éternel problème que partisans et adversaires du divorce se sont depuis Lavie mutuellement posé, le résolvant chacun à leur manière et en sens contraire comme s'il était susceptible d'une solution.

Quant à l'objection tirée de l'intérêt de l'enfant, il la réfute d'un mot: « Nous ne voyons point qu'elle soit en souffrance plus qu'ailleurs dans les pays de la chrétienté où la répudiation est tolérée aujourd'hui : les faits détruisent cette objection usée. »

Lavie enfin se demandait comme l'avait déjà fait Charron dans son *Traité de la Sagesse* quel système était préférable de ne dissoudre le lien conjugal que sur la preuve de faits limitativement prévus, ou d'accorder le divorce sans qu'il soit besoin d'en spécifier les motifs. « D'un côté, il paraîtrait extraordinaire, disait-il, qu'il fût permis de répudier sans articuler aucune bonne raison et de voir autoriser la pure fantaisie : mais de l'autre côté, dans quels détails faudrait-il entrer! Ira-t-on révéler sa honte? Comment justifier ce qui se passe dans le secret lorsque l'un des deux refuse à l'autre une faculté accordée à tous les deux? Paul-Émile répudia sa femme qu'il avouait être vertueuse et qui l'avait rendu père d'une belle famille. Les parents scandalisés se plaignirent de Paul-Émile; il leur montra son soulier et leur dit : « Ce soulier vous paraît bien fait; il n'y a que moi qui sache où il me blesse. »

» Il semble que la répudiation soufferte sans en alléguer la cause mette l'honneur des deux parties à couvert; chacune d'elles peut devenir une seconde fois utile à l'État par une seconde société : cet avantage serait peut-être rare si les raisons étaient divulguées de part et d'autre. »

Helvétius. — Helvétius, issu d'une famille de médecins illustres, se trouva à vingt-trois ans pourvu d'une charge de

fermier général, grosse de 100,000 livres de rente. Mais désireux de conserver une entière liberté de penser et d'écrire, il
vendit sa charge en 1750; huit ans après paraissait son livre
De l'Esprit où il s'efforçait d'établir que l'homme n'a dans la
vie d'autre mobile que l'intérêt personnel; cet ouvrage, où
les idées les plus hardies avaient trouvé place, fut condamné
par la Sorbonne, par le Pape et par le Parlement, et brûlé
en 1759. Ces poursuites acharnées dégoûtèrent Helvétius de
publier d'autres ouvrages; il se contenta de tenir à Paris un
de ces salons où les philosophes avaient coutume de se ren-
contrer pour discuter les principes politiques nouveaux, et
disserter à perte de vue sur le bien fondé et l'utilité des religions, et les règles précises de la loi naturelle.

Après la mort d'Helvétius, M. Laroche, son légataire, publia
quelques œuvres posthumes, dont le traité *De l'Homme* est
la plus importante et comme le pendant du traité *De
l'Esprit.*

Dans les notes qui suivent la *section VIII* de cet ouvrage,
l'auteur nous fait part de ses vues sur le mariage, elles ne le
cèdent en rien pour la bizarrerie aux théories du maréchal
de Saxe. Et d'abord il trouve que le mariage perpétuel est
une institution trop étroite, bien appropriée certes à l'état de
laboureur où les « deux époux toujours occupés, toujours
utiles l'un à l'autre, supportent sans dégoût et sans
inconvénient l'indissolubilité de leur union », mais peu
conforme aux nécessités des autres professions. Tellement
peu conforme, dit l'auteur, que les prêtres et les soldats se
voient interdire toute union légitime et que les raisons de
cette interdiction pourraient être étendues à la plupart des
autres professions. A cet égard il admire sans restriction la
manière dont le roi de Prusse a su obvier aux inconvénients
du mariage des troupes. « Un soldat du premier bataillon
trouve-t-il une fille jolie? Il couche avec elle et l'union des
deux époux dure autant que leur amour et leur convenance.
Ont-ils des enfants? S'ils ne peuvent les nourrir, le roi s'en
charge, les élève dans une maison fondée à cet effet. Il y

forme une pépinière de jeunes soldats. Or, qu'on donne à ce prince la disposition d'une grande quantité de fonds ecclésiastiques, il exécutera en grand ce qu'il ne peut faire qu'en petit, et les soldats, amants et pères, jouiront des plaisirs de l'amour sans que leurs mœurs soient amollies et qu'ils aient rien perdu de leur courage. »

Mais cette suppression absolue du mariage avec éducation des enfants par l'État, Helvétius n'ose point la conseiller comme règle générale; il se contente de battre en brèche le dogme de l'indissolubilité.

« Dans le mariage, dit-il, la loi d'une union indissoluble est une loi barbare et cruelle. En France, le peu de bons ménages prouve en ce genre la nécessité d'une réforme. » Quant au remède, il est bien simple et bien connu : c'est le divorce. La situation des enfants donne-t-elle quelque scrupule? elle est facile à régler. « Que les mâles restent au père et les filles à la mère : qu'on assigne dans les contrats de mariage telle somme pour l'éducation des enfants venus avant le divorce; que le revenu des dîmes et des hôpitaux soit appliqué à l'entretien de ceux dont les parents sont sans biens et sans industrie; l'inconvénient du divorce sera nul et le bonheur des époux assuré. Mais, dira-t-on, que de mariages dissous par l'inconstance humaine! L'expérience prouve le contraire. »

Et du reste, quand bien même la chose serait vraie, Helvétius n'y verrait point d'inconvénients; la morale et les lois n'ont point pour mission de refréner les passions et les vices, elles doivent seulement s'efforcer de les diriger et de les utiliser.

Pourquoi n'appliquerait-on pas ce principe au mariage? Helvétius trouve la chose aisée; voici son système, spécimen curieux de ces conceptions toutes spéculatives, parfois ingénieuses, souvent absurdes, qui s'étalent complaisamment dans les écrits philosophiques du temps :

« S'il est vrai, dit-il, que le désir du changement soit aussi conforme qu'on le dit à la nature humaine, on pourrait donc proposer la possibilité du changement comme le prix du mérite : on pourrait donc essayer de rendre par ce moyen les guerriers plus braves, les magistrats plus justes, les artisans plus industrieux, et les gens de génie plus studieux.

» Quelle espèce de plaisir ne devient point entre les mains d'un législateur habile un instrument de la félicité publique ? »

Cette théorie extravagante fut assez spirituellement raillée par l'abbé Barruel, qui surenchérit malicieusement sur le projet d'Helvétius en indiquant que, par application des mêmes principes, il serait « assez facile de faire servir les femmes galantes à la propagation de la vertu »[1], et Diderot, piqué sans doute de voir les idées qu'il partageait maladroitement défendues, écrivit que « faire du divorce le prix du mérite est une absurdité. Est-ce que le sot n'est pas aussi malheureux avec une mauvaise femme que l'homme du plus grand génie ? Est-ce que la jouissance n'amène pas le dégoût également pour tous ? Est-ce que les mariages ne sont pas indistinctement exposés aux incompatibilités de caractère qui font le supplice des époux[2] ? »

D'Holbach. — Le baron d'Holbach dont le fanatisme anti-religieux ne le cédait guère à celui de Naigeon, a dans son *Christianisme dévoilé* publié en 1767, dans la *Morale universelle* publiée en 1776, dans les *Éléments de morale universelle* parus après sa mort en 1790, dirigé des attaques extrêmement violentes contre l'indissolubilité du mariage, et laissé quelques pages passionnées en faveur du rétablissement du divorce.

Nous avons, trop brièvement peut-être, indiqué les opinions des philosophes du xviiiᵉ siècle sur le mariage et le divorce; à côté de théories extravagantes nous avons rencontré des vues très sensées touchant le rétablissement du

1. Abbé Barruel, *Les Helviennes*.
2. Diderot, *Notes sur le livre d'Helvétius : de l'Homme.*

divorce, son utilité, ainsi que la réfutation rapide des principales objections dirigées contre cette institution; nous avons
constaté qu'avec une absolue unanimité tous ceux qui eurent
alors un nom dans la philosophie s'élevèrent contre le principe du mariage indissoluble.

On pourrait s'attendre à trouver dans la *Grande Encyclopédie* un écho et comme le résumé de ces doctrines; il n'en
est rien. Cet ouvrage, incessamment entravé dans sa publication par des mesures de coercition, ne fut qu'un reflet très
pâli des idées de ses directeurs. Ainsi que l'a fort bien dit
M. E. Faguet, « la vulgarisation philosophique dont l'*Encyclopédie* était l'organe, fut très anodine, et partisans et
adversaires durent lire un peu entre les lignes pour se
délecter ou s'indigner [1]. » Aussi le mot *Divorce*, paru à
l'époque où les plus grandes difficultés étaient opposées à la
publication du Dictionnaire, porte-t-il l'empreinte du respect
le plus absolu pour les principes officiels. On y lit notamment : « Le divorce est certainement contraire à la première
institution du mariage, qui de sa nature est indissoluble. »

C'est à l'article *Mariage* qu'il faut aller découvrir des
enseignements moins orthodoxes. L'auteur de cet article, qui
envisage le mariage comme sacrement, comme contrat du
droit civil et comme contrat du droit naturel, en arrive à se
demander quelle doit être, à ce dernier point de vue, la
durée de la société conjugale, et il répond :

« Le mari doit demeurer avec sa femme jusqu'à ce que
leurs enfants soient grands et en âge de subsister par eux-
mêmes ou avec le bien qu'ils leur laissent. On voit que par
un effet admirable de la sagesse du Créateur cette règle est
constamment observée par les animaux mêmes, destitués de
raison. Mais quoique les besoins des enfants demandent que
l'union conjugale de la femme et du mari dure encore plus
longtemps que celle des autres animaux, il n'y a rien, ce me
semble, dans la nature et dans le but de cette union, qui

---

1. *Histoire générale* (Lavisse et Rambaud), t. VII, p. 705.

demande que le mari et la femme soient obligés de demeurer ensemble toute leur vie après avoir élevé leurs enfants et leur avoir laissé de quoi s'entretenir. Il n'y a rien, dis-je, qui empêche alors qu'on n'ait à l'égard du mariage la même liberté qu'on a en matière de toutes sortes de sociétés et de conventions, de sorte que, moyennant qu'on pourvoie d'une manière ou d'une autre à cette éducation, on peut régler d'un commun accord, comme on le juge à propos, la durée de l'union conjugale, soit dans l'indépendance de l'état de nature ou lorsque les lois civiles sous lesquelles on vit n'ont rien déterminé là-dessus. Si de là il naît quelquefois des inconvénients, on pourrait y en opposer d'autres aussi considérables qui résultent de la trop longue durée ou de la perpétuité de cette société. Et, après tout, supposez que les premiers fussent plus grands, cela prouverait seulement que la chose serait sujette à l'abus, comme la polygamie et qu'ainsi, quoiqu'elle ne fût pas mauvaise absolument et de sa nature, on devrait s'y conduire avec précaution. »

En définitive, et tout bien considéré, dans la législation du mariage comme dans bien d'autres branches du droit, l'influence des philosophes fut profonde; après avoir provoqué la campagne de brochures qui fait l'objet du chapitre suivant, elle devait aboutir à la Constitution de 1791 et à la loi du 20 septembre 1792.

CHAPITRE DEUXIÈME

LES BROCHURES

C'est une idée assez répandue que la loi du 20 septembre 1792, qui a établi le divorce en France, est le résultat d'une sorte de génération spontanée, un produit hâtif de l'esprit révolutionnaire. Elle a cependant été réclamée avec une précision et une insistance tout à fait remarquables, non point seulement par les philosophes dont nous venons d'étudier les œuvres, mais par un très grand nombre de brochures qui, de 1768 à 1792, n'ont cessé de paraître sur ce sujet.

L'analyse de ces brochures fait l'objet du présent chapitre : quelque fastidieux que puisse paraître ce travail, nous croyons pouvoir le justifier, en disant qu'à notre connaissance il n'a jamais été entrepris.

1768. — En 1768 paraissait un petit ouvrage anonyme intitulé : *Cri d'un honnête homme qui se croit fondé en droit naturel et divin à représenter à la législation française les motifs de justice tant ecclésiastique que civile et les vues d'utilité tant morale que politique qui militeraient pour la dissolution du mariage dans de certaines circonstances données.*

Cet écrit, nous l'avons déjà dit, était l'œuvre d'un certain Philibert, préteur à Landau, ville alors française.

Et d'abord, l'auteur racontait sa propre histoire, que l'on connaît déjà par le fragment de Voltaire cité au précédent chapitre : Marié à une femme qu'il aime et dont il ne tarde pas à apprendre les débauches, le magistrat est obligé de se séparer d'elle; bien que jeune, il se trouve condamné à un célibat que la loi lui fait sans remède et dont les bonnes mœurs lui interdisent les palliatifs. Et, trouvant le problème sans solution, il ne croit pas qu'un pareil état de choses puisse être la règle commune et il jette les yeux sur les législations des autres peuples.

« Par un mouvement naturel de curiosité, j'interroge leurs institutions religieuses et civiles sur ce qui m'attriste et, en leur proposant mon prétendu cas de conscience à résoudre, je voudrais trouver parmi eux, s'il était possible, quelque malheureuse société imbue des mêmes préjugés que nous, à à qui j'en puisse témoigner ma compassion.

» Mais mon attente est vaine, car, malgré l'extrême variété qui se trouve entre tant de peuples divers qui habitent ce vaste globe, rien n'est plus uniforme que leurs sentiments sur la question que je leur fais; car une même voix, sortie des temples des païens, des synagogues des juifs et des églises de nos frères errants, me répond qu'une femme qui a faussé la foi conjugale a brisé, par son fait, un lien sacré de soi-même indissoluble... »

Mais, hélas! nos lois civiles aveuglément soumises à une loi religieuse d'une étroitesse et d'un rigorisme vraiment uniques, « nécessairement subordonnées au système théologique reçu, bon ou mauvais, les lois n'auront à leur disposition que des faux poids, instruments d'injustices et d'oppressions consacrés par une longue habitude de s'en servir; et ne voudront pas même s'en apercevoir de peur d'avoir à rougir d'un manque de forces ou de lumières. »

Et l'auteur entreprend de prouver méthodiquement qu'au triple point de vue religieux, moral et politique, il y a lieu d'admettre le divorce.

Établir que le divorce est conforme à la religion catholique, paraîtrait aujourd'hui chose étrange; ce n'est pas une des moindres curiosités des écrits publiés en faveur du divorce de 1768 à 1792 que le soin de leurs auteurs à établir en premier lieu que la répudiation n'est point contraire à ce dogme.

Pareil souci était exigé par l'état de la question ; d'une part, la religion catholique, religion d'État, passait pour ne point admettre le divorce ; d'autre part, la distinction dans le mariage du contrat et du sacrement n'avait guère dépassé les limites de la théorie pure ; l'idée de religion était, malgré Talon, Launoi et le Ridant, intimement liée à la notion du mariage et, dans cette campagne *divorciaire*, où l'en entendait non seulement soutenir un principe, mais le faire accepter, on ne pouvait réclamer le divorce sans en discuter la légitimité au point de vue du dogme.

Aussi, précédant dans cette voie Cerfvol, Hennet, Bouchotte, Martigny et bien d'autres, Philibert s'efforce-t-il avant tout d'établir que le divorce n'est nullement contraire au dogme catholique, qu'il fut autorisé par le Christ lui-même, consacré par les Pères de l'Église, par divers conciles, et pratiqué au sein de la Chrétienté jusqu'au ixᵉ siècle. Nous ne le suivrons point dans tous ces développements ; la question n'offre plus aucun intérêt au point de vue des lois civiles, puisque dans notre législation le mariage civil et le mariage religieux sont choses indépendantes et que le divorce ne rompt qu'un lien dont la loi religieuse méconnaît l'existence.

Nous croyons devoir indiquer toutefois, et pour bien montrer avec quel soin Philibert traite ce sujet, les principaux arguments qu'il invoque. C'est d'abord le verset 9 du chapitre XIX de l'Évangile de saint Mathieu :

« *Quicumque dimiserit uxorem suam nisi ob fornicationem, et aliam duxerit, mœchatur, et qui dimissam duxerit, mœchatur*[1]. »

Ce texte est resté longtemps célèbre ; plusieurs Pères de l'Église (Tertullien, saint Épiphane et saint Astère notamment) ont soutenu que le Christ avait réellement par son *nisi ob fornicationem* autorisé le divorce pour cause d'adultère ;

---

1. « Quiconque aura renvoyé sa femme, à moins que ce ne fût pour cause de fornication, et en aura épousé une autre, commet un adultère, et celui qui prend une femme ainsi renvoyée, commet pareillement un adultère. »

cette interprétation a été condamnée par la majorité des Pères, et pour ne citer que les plus célèbres, par saint Augustin, saint Jérôme et saint Chrysostôme, mais les Églises Réformées ainsi que l'Église d'Orient ont continué à interpréter l'Évangile de saint Mathieu conformément à son sens littéral, et il est besoin de quelque subtilité pour lui faire dire autre chose que ce qu'il paraît signifier. Quoi qu'il en soit, il est favorable aux partisans du divorce, et Philibert s'écrie :

« Ces paroles sont-elles claires? Docteurs de sapience, maîtres scientifiques, vous qui entendez l'Apocalypse, si vous avez des yeux ou seulement des mains avec la faculté du tact, dites-moi comment vous faites pour ne pas comprendre ce qui est si peu obscur? Interprétez, commentez, retournez cette phrase tant qu'il vous plaira : ou elle est absolument vide de sens et de raison, et le Saint-Esprit aurait parlé pour ne rien dire, ce qu'il serait bien étrange de supposer; ou il m'est permis de renvoyer ma femme adultère et d'en prendre une autre! »

Il expose ensuite que le divorce fut reconnu par la primitive Église, et réglementé par des empereurs chrétiens, tels que Constantin, Théodose et Justinien; puis il passe en revue les divorces plus ou moins authentiques que pratiquèrent les rois de France de la première et de la seconde race. Il invoque aussi les croyances de l'Église grecque dont le dogme est à peu près le même que celui de l'Église romaine et il soutient qu'en Pologne, pays assurément très catholique, le divorce n'a jamais été interdit. Il arrive enfin à l'étude des conciles et n'en trouve point de tout à fait contraires à sa thèse. Si on lui oppose la décision du concile de Trente, il répond que les docteurs ont seulement tranché un point de pure discipline, et que, du reste, ce concile n'a pas été intégralement approuvé par l'Église gallicane.

Tous ces arguments ne sont pas seulement esquissés, mais longuement développés, toujours avec chaleur, quelquefois avec éloquence; ils sont assortis d'une bibliographie, encadrés dans des citations souvent fort longues en français et en latin.

Nous avons signalé une fois pour toutes les grandes lignes de cette argumentation théologique; elle sera reprise avec un soin et une précision toujours croissants par les écrivains qui traiteront la question du divorce.

Après avoir établi que rien dans le dogme catholique ne s'oppose au rétablissement du divorce, Philibert se met en mesure de prouver que cette institution est également favorable aux mœurs et utile à l'État. A l'instar de ces panacées qui procurent tous les bonheurs, le divorce va rénover la France. « Si je prouve, écrit-il, que ce serait à d'autres égards une institution qui verserait dans nos mœurs une salutaire infusion de pudeur, de sagesse, de retenue et d'honnêteté, dont elles auraient un besoin si réel et dont tout sage législateur comprendra sans peine, qu'il ne saurait jamais assez les fortifier; qui encouragerait probablement au mariage, et qui, en en augmentant la fréquence parmi nous, le rendrait en même temps plus chaste et plus fécond; qui enfin tendrait à une population plus nombreuse et d'une meilleure espèce; serait-il possible après tout ce que j'ai prouvé, qu'un préjugé monstrueux, auquel j'ai déjà porté tant d'autres coups mortels, nous fût néanmoins toujours si cher, qu'il dût prévaloir sur des considérations si multipliées et de cette importance? »

Et Philibert ne se borne point à envisager les effets immédiats que l'on peut espérer du rétablissement du divorce; il montre quels bienfaits indirects en résulteront, et les effets de ces effets, si bien que rien ne semble pouvoir l'arrêter et que, de déduction en déduction, il fera découler d'un événement peu important en apparence la félicité universelle. Nous ne voulons en citer qu'un exemple: Philibert va nous dire comment le divorce engendrera la fidélité entre époux, d'où résulteront des mœurs publiques irréprochables, d'où naîtra une éducation solide et douce qui à son tour assurera le bonheur moral et la prospérité matérielle du mariage.

« Le mariage est-il indissoluble : de là la sécurité de toute femme, qui ne se souciant pas de perdre le cœur de son mari, ne voit pourtant que cela à craindre pour elle dans les infidélités qu'elle lui fait. De là l'usage où est le petit peuple de ne regarder ces sortes d'écarts que comme un de ces incidents de ménage légers et ordinaires, pour lesquels on peut se brouiller et se raccommoder cent fois. De là ces conventions encore plus fréquentes entre ce que nous appelons les honnêtes gens, de ne point se gêner de part ni d'autre, et de faire ensemble compensation de mauvaises mœurs. De là la contagion de l'exemple et le préjugé dont se coiffe de bonne heure une jeune personne, préjugé dangereux où tout s'accorde à la confirmer dans l'opinion que la qualité de femme est un titre indéfini de liberté et le droit de tout se permettre. De là enfin tant de mariages d'enfer, mais qui n'en restent pas moins des mariages.

» Qu'au contraire le divorce revive parmi nous avec les sages limitations qui doivent toujours l'accompagner et avec les rayons d'une meilleure philosophie législative qu'il annoncerait : cette jeune femme à peine sortie de l'état de fille, qui l'a longtemps et beaucoup ennuyée, craindra d'y retomber. Cependant comme il faudra (du moins cela est probable) que le système de l'éducation change aussi dès lors, elle n'aura pas été élevée comme aujourd'hui dans le seul art de séduire un instant; mais, au contraire, ses parents ne lui auront rien tant inculqué que ce qu'il lui importera de savoir toute sa vie, c'est-à-dire d'être une épouse fidèle, une digne mère, une sage économe et cela de peur d'avoir à la doter deux fois.

» C'est avec ces dispositions que notre jeune personne entrera en ménage; et qu'en augurez-vous ? Qu'un tel mariage devra réussir et que toute la famille s'en trouvera bien, car ce qui caractérise une femme du côté de la galanterie, la distingue à la vérité presque toujours par vingt autres qualités fort agréables, mais aussi toutes propres à déranger une maison et à culbuter la fortune la mieux établie. »

Et si, dans cette société vraiment idéale, il se trouvait encore, et par un vrai hasard, quelque époux infidèle, la réprobation qui résulterait pour elle du divorce qu'elle aurait subi serait la punition toute naturelle de sa faute, « tandis que son mari, qui aurait cessé de l'être, jouirait dans les bras d'une nouvelle compagne des droits de son honneur vengé, de la plénitude de son état et d'une satisfaction entière. Je me trompe fort, ajoute Philibert, ou un seul exemple dans ce goût influerait plus utilement sur les mœurs d'une province que quatre visites pastorales et six missions prêchées par les plus grands apôtres. »

Enfin l'auteur montre que le divorce est essentiellement favorable à la repopulation. A tous ces points de vue il propose comme modèle les peuples protestants; chez eux, le divorce existe, aussi leurs mœurs sont pures, leur population croît sans cesse, et il en résulte à leur profit une supériorité numérique qui bientôt leur permettra d'écraser la France.

Et cependant, avant de terminer son mémoire, Philibert se prend à douter qu'on fasse droit à sa demande; mais c'est en vulgarisant une idée qu'on la rend populaire. « En conséquence, explique-t-il, je n'ai pas hésité de monter dans la tribune aux harangues, et de prendre publiquement nos lois à partie. J'ai souvent parlé de moi suivant une mauvaise habitude ordinaire aux malheureux; mais on doit le pardonner en partie à cette disposition mélancolique qui m'a entraîné et en partie à la nature même de mon plan qui, m'assujettissant à instruire une cause publique à mes frais, voulait que je m'en fisse comme le centre et que je parusse y rapporter tout à moi.

» Puissent mes disgrâces que je n'ai certainement pas exagérées, m'avoir fourni l'occasion de répandre quelques lumières et quelques vérités de plus parmi les humains, dont ils veuillent profiter! Puissent-elles, surtout, devenir utiles dans ce sens à mes concitoyens! Je les supporte depuis près de neuf ans avec cette fermeté tranquille et décente qui sied à un homme d'honneur qui se respecte. Mais, encore un coup, que nos lois se corrigent, et que ma patrie en profite, je bénirai le ciel de m'avoir rendu malheureux à ce prix. »

Tel est, dans ses grandes lignes, le *Cri d'un honnête homme*. L'édition de 1768 (in-12°, 80 pages) eut un assez grand succès; elle fut suivie d'une seconde édition en 1769 (in-12°, 83 pages) mais la publication de ce livre ne devait point s'arrêter là. Le jurisconsulte Cerfvol ayant en 1769 publié un traité du divorce, fit précéder cet ouvrage du *Cri d'un honnête homme* qui fut ainsi l'objet de plusieurs éditions nouvelles; de nos jours enfin, Maresq aîné l'a réimprimé encore une fois avec une préface de M. A. Naquet.

Le *Cri d'un honnête homme*, véritable instrument de propagande, devait ouvrir la voie à de nombreuses brochures conçues dans le même esprit; mais il avait été lui-même précédé, dans la même année 1768, par un petit ouvrage dû à Cerfvol et imprimé à Londres sous le titre de *Mémoire sur la population*. Le but de ce mémoire était de donner l'alarme au sujet de la dépopulation. (On voit, disons-le en passant, que pour être actuel ce problème n'en est pas moins ancien.) Cerfvol se garda bien de mettre son nom au bas de ce livre qui, sous un titre assez inoffensif, cachait un plaidoyer très pressant en faveur du divorce. Après avoir brièvement énuméré les causes les plus apparentes de la dépopulation, telles que le libertinage, l'incontinence, l'allaitement mercenaire et l'usage du corset (!), il en arrivait à la plus importante selon lui : l'indissolubilité du lien conjugal. « L'indissolubilité des engagements, écrit-il, contraste si parfaitement avec la légèreté et l'inconstance nationale, qu'on serait étonné de la voir subsister en France si on ignorait les motifs qui ont porté les papes à l'y introduire. L'objet du mariage est d'avoir des enfants; mais contraindre des personnes qui se haïssent, non seulement à vivre ensemble, mais encore à s'aimer par la seule raison qu'il a été un temps où ils se convenaient, c'est exiger d'un athlète qu'il recommence éternellement sa carrière. Si l'on demande à cette multitude de célibataires qui existent au milieu de nous pourquoi ils ne prennent point d'engagements, c'est, vous répondent-ils, parce qu'ils sont indissolubles ; et cette indissolubilité qui nous prive de beaucoup d'unions, n'influe pas médiocrement sur celles qui sont déjà formées. C'est un télescope fatal qui grossit et multiplie des inconvénients que la volonté libre n'apercevrait point.

» Ne nous arrêtons pas à chercher la vraie cause de notre dépopulation ailleurs que dans l'indissolubilité des mariages. Toutes les autres causes sont dérivées de celle-ci ou sont imperceptibles dans leur effet. C'est elle qui a donné naissance au célibat, et par une filiation naturelle à la corruption des mœurs. »

Puis, dans une dissertation de trente-huit pages, l'auteur envisageait la question sous ses divers aspects, soutenant qu'au point de vue religieux le divorce n'était point contraire au dogme catholique, qu'au point de vue civil et politique il ne présentait que des avantages et devait améliorer rapidement les mœurs publiques ; même, dans son enthousiasme il énumérait tous les bienfaits que répandrait une telle institution dont une des conséquences immédiates serait la diminution des maladies vénériennes !

Le *Mémoire sur la population* n'eut point sous ce titre de seconde édition, mais il fut de nouveau publié en 1770 à Genève sous le titre d'*Utilité civile et politique du divorce* à la suite du *Parloir de l'Abbaye de*** ou *Entretiens sur le Divorce par M. de V****

Mais, pour ne point abandonner l'ordre chronologique, assez naturel en cette matière, revenons à l'année 1769 qui vit éclore un des ouvrages les plus considérables publiés sur la question : c'est la *Législation du divorce,* œuvre anonyme de Cerfvol, précédée du *Cri d'un honnête homme.*

La partie la plus originale et la plus intéressante de cette *Législation du divorce* est bien celle que l'auteur intitule : *Essai sur la manière de régir le divorce.* De la théorie Cerfvol passe presque à la pratique ; il entrevoit la possibilité de faire modifier les lois sur le mariage, il veut montrer qu'une codification de cette partie du droit serait assez aisée, et il s'efforce de faciliter encore ce travail en publiant un plan d'ensemble relatif à une nouvelle législation matrimoniale et au rétablissement du divorce.

Avant d'analyser ce projet de code, il nous faut donner un aperçu des trois premiers chapitres où l'auteur reprend *ex professo* et sous la forme dogmatique l'exposé complet de la question du divorce pour en affirmer la légitimité et en prôner le rétablissement.

Cerfvol part de ce principe que le premier souci d'un gouvernement doit être « de rendre aux mœurs une pureté sans laquelle il n'est point de solide prospérité, de réduire un célibat devenu formidable par ses accroissements, de rendre aux familles la tranquillité, le bonheur à la société entière ».

Cette question du bonheur qui est devenue la grande préoccupation de notre époque, Cerfvol la résoud d'un trait de plume : Qu'on rétablisse le divorce. « Le divorce ! (s'écrie un contradicteur supposé) ah ! gardez votre moyen et laissez-nous notre corruption. Le divorce ? y pensez-vous ? Songez donc que Dieu, que la religion le proscrivent ; que nos coutumes y répugnent, que de tout temps le mariage a été indissoluble, que du moins depuis que nous sommes chrétiens... » « Rassurez-vous, gens ignorants ou crédules, répond Cerfvol ; je n'en veux point à votre religion. Soyez chrétiens pour votre salut, et pratiquez le divorce pour votre bonheur : ces deux choses ne sont pas incompatibles. »

Proposer le divorce et retorquer l'objection tirée du respect de la religion catholique, tel est, en effet, le but du chapitre Ier de la *Législation du divorce*. L'auteur s'étend longuement sur le mariage, sa nature et ses formes au temps de Justinien ; il approuve, au passage, les dispositions des lois romaines qui autorisaient le divorce par consentement mutuel, estimant que si la prononciation du divorce dans des cas déterminés s'impose, il n'en est pas moins essentiel de secourir ceux qui, par respect pour eux et pour le public, eussent préféré être les victimes d'un chagrin dévorant que d'en divulguer les causes.

Cerfvol fait donc l'historique du divorce aux premiers temps de l'ère chrétienne, il montre que les premiers papes ne le désapprouvèrent point et qu'il ne fut établi dans la suite que pour augmenter l'autorité de l'Église sur les rois. Il reproduit, en somme, en les amplifiant, tous les arguments déjà émis par Philibert dans le *Cri d'un honnête homme* et il insiste d'une manière plus spéciale sur l'usage où sont les catholiques de Pologne de divorcer.

Nous ignorons si cette théorie du divorce chrétien trouva beaucoup d'adeptes dans une religion dont le pivot est la foi; quoi qu'il en soit, Cerfvol devait douter lui-même du succès, et ce n'est pas sans un secret dépit qu'il invite les catholiques à préférer l'évangile au pape. « Je sais, dit-il, que les partisans d'un absurde despotisme, qu'ils idolâtrent dans la crosse et qu'ils blâment dans le sceptre, seront alarmés d'un change- ment qui leur arrache une foule de victimes immolées sans fruit et dont il ne leur revient que le triste plaisir de faire des malheureux. Mais il est une classe de chrétiens qui fuit égale- ment tous les excès. Elle chérit et respecte une hiérarchie divinement établie sans prétendre que celui qui y préside réunisse la plénitude de deux puissances temporelle et spiri- tuelle. Sans donner dans un rigorisme, ouvrage de l'homme, elle mène une vie régulière et conforme à l'Évangile. Détes- tant toute nouveauté, s'en tenant constamment aux principes primitifs, elle demeure fermement unie au trône inébranlable de la croyance des Apôtres. »

Le côté religieux de la question ainsi traité, Philibert aborde le côté civil et politique. Il reprend tous les raison- nements qui se trouvent dans son *Mémoire sur la population,* met en relief le rapport constant de la corruption des mœurs et de la dépopulation, affirme que celle-ci est le résultat de celle-là, et il prédit ainsi l'influence bienfaisante que doit exercer le divorce sur les mœurs et sur la multiplication des mariages.

« Par le moyen du divorce, vous mettez une foule innom- brable de célibataires dans le cas de se marier. Ils ne sont retenus que par la crainte qu'inspire un mariage éternel. Un grand nombre de mariages, en rendant les filles plus rares, rendra plus difficile la recherche illicite qu'en font les libertins. Avec les mêmes désirs et moins de moyens de les satisfaire hors du mariage, ils y seront amenés indispensablement quoique sans violence.

» Par le moyen du divorce, vous secondez les mariages, en les rendant plus nombreux, parce qu'ils seront moins troublés par les célibataires dont le nombre sera diminué, et parce que l'état des personnes mariées dépendant de leur conduite elles en deviendront certainement plus circonspectes.

» Par le moyen du divorce enfin, vous tirez parti du vice même, et vous vengez la vertu opprimée sans employer les voies de force. Les ménages qui actuellement vivent dans un divorce de fait et sont frappés de la stérilité, redeviennent féconds par le revirement des parties que ce changement opérera. Vous rendez un homme à la femme qui est faite pour lui et une femme au mari qui lui convient. »

Cerfvol, comme Philibert, abuse des déductions chimériques. Il ne se contente pas de prévoir quels heureux effets pourront résulter du rétablissement du divorce, il les tient pour réalisés, puis il en fait découler des conséquences bienfaisantes qui elles-mêmes en entraînent d'autres. Nous voulons en citer comme exemple le passage où il démontre que le divorce transformera l'éducation :

« L'admission du divorce change absolument l'éducation actuelle ; et quand son rétablissement ne produirait que ce bien, c'en serait toujours un très grand. On peut s'en rapporter à la nature sur les soins d'agrément qu'on aura pour des enfants nés d'une union chérie ; les soins utiles y seront ajoutés par le même motif. Des époux qui s'aiment et qui sont convaincus que le bonheur ne s'est perpétué dans leur ménage que par l'honnêteté, la sagesse, la probité, l'économie, la douceur, ne manqueront pas de former leur postérité à ces vertus. Le père inculquera à son fils que le milieu entre le mariage et le célibat est un état de crime ; que l'exacte probité est la première des vertus ; que s'il est odieux dans tous les cas de violer sa parole, c'est un sacrilège d'enfreindre un serment fait en face des autels; que tromper une femme, c'est justifier d'avance les écarts dans lesquels elle donnerait; qu'il faut toujours conserver la puissance maritale pour régner par la douceur sur le cœur de sa femme: que l'unique moyen d'éviter le dégoût, c'est de mettre de la décence dans les plaisirs et de borner la volupté, etc...

» La mère de son côté prescrira la pudeur à sa fille comme le principal ornement de son sexe. Vous n'avez pas la force en partage, lui dira-t-elle, elle vous siérait mal. Soyez douce, complaisante, affectueuse; fuyez ces inégalités, ces caprices, ces tons décidés, ces emportements qu'un amant souffre, parce qu'il ne vous respecte pas, mais qu'un mari aurait droit de corriger pour vous rendre respectable, etc... Si votre mari s'éloigne de vous, ne ménagez rien, pas même l'artifice, pour le ramener; c'est là le cas où il est permis. S'il continue de vous outrager, invoquez les lois, elles vous dégageront. Vous serez après votre séparation une femme estimable que plus d'un homme recherchera.

» Ces leçons appuyées de l'exemple influeront puissamment sur la jeunesse. Elles seront suivies parce qu'elles n'ont rien de contraignant et que le bonheur résultera toujours de leur pratique. »

Cette éducation idéale qui doit engendrer d'aussi beaux résultats « ne peut être mise en usage, tant que l'indissolubilité du mariage subsistera ».

Mais, ainsi que nous l'avons dit, la partie la plus curieuse de la *Législation du divorce* est celle où Cerfvol offre au public un *Essai sur la manière de régir le divorce*. C'est ici plus qu'une dissertation, le temps paraît proche à l'auteur où des polémiques d'idées jailliront des institutions nouvelles et, comme si la question du rétablissement du divorce touchait à une solution pratique, il s'efforce de faciliter la tâche du législateur en élaborant une sorte de projet de loi. Ce plan est rédigé par articles; tout de suite dans l'article premier l'auteur pose un principe : celui de l'indissolubilité du mariage ; mais ce n'est plus le principe absolu et intraitable ; il comporte des exceptions rendues nécessaires par les imperfections de la nature humaine : « Art. 1er. — Le mariage continuera d'être, comme il a toujours été, et comme l'exige la pureté du christianisme, un lien sacré, perpétuel et indissoluble, hormis dans les cas ci-après déterminés. »

Le premier cas est l'adultère de la femme, expressément prévu, selon l'auteur, par le Christ lui-même, et Cerfvol accorde alors au mari le droit d'établir par une information judiciaire le crime de sa femme, puis de la répudier et d'en épouser une autre. Suivent plusieurs dispositions relatives aux biens des époux et au sort des enfants. L'adultère de la femme est ainsi l'objet d'une première réglementation d'ensemble que l'auteur espérait peut-être voir adopter si ses arguments religieux arrivaient à prévaloir.

À la suite, vient l'institution d'un *divorce légal* que les juges peuvent prononcer pour : condamnation aux galères, abandon injurieux, folie, sévices, injures graves et conduite dissolue[1].

Ce système établissait une différence assez logique entre l'adultère de la femme qui, dès qu'il était établi, pouvait motiver la répudiation, et celui du mari qui n'était une cause de divorce qu'autant qu'il tombait sous l'application de l'article 9 § 5, où le divorce était édicté pour « une manière de vivre si dissolue, si crapuleuse et si libertine qu'elle ne puisse être supportée raisonnablement par celui des conjoints qui s'en plaindra. »

La procédure de ces affaires devait être soumise à des atermoiements nombreux et prolongés, afin de donner aux époux le temps de se réconcilier ; les questions pécuniaires étaient résolues avec détails ; des déchéances étaient appliquées à l'époux coupable, et la garde des enfants était confiée à l'époux le plus digne ou à un tiers.

---

1. Cette énumération fut presque intégralement reproduite dans la loi du 20 septembre 1792.

: Tel est l'*Essai sur la manière de régir le divorce;* il constitue un document intéressant dans l'histoire du droit.

L'ouvrage de Cerfvol est terminé par un court factum ayant pour titre : *Le divorce réclamé par Mme la comtesse de^{***}.* Cet opuscule de 21 pages contient un plaidoyer assez pâle où l'auteur prône le rétablissement du divorce dans l'intérêt des femmes. Mais il n'apporte aucun argument nouveau et ne fait que reprendre en les résumant les idées qu'il a longuement développées dans la *Législation du divorce.*

1770. — Comme on le voit, les années 1768 et 1769 avaient été fertiles en livres sur le divorce. Philibert et Cerfvol venaient d'entamer une campagne qui devait se continuer sans relâche dans les années suivantes. En 1770 Cerfvol publia pour faire pendant au *Cri d'un honnête homme* le *Cri d'une honnête femme qui réclame le divorce conformément aux lois de la primitive Église, à l'usage actuel du Royaume catholique de Pologne et à celui de tous les peuples de la terre qui existent ou qui ont existé, excepté nous.*

Ce petit livre est composé sous forme de lettres. Une certaine marquise d'Olman, mariée à un libertin, écrit à son ancien tuteur pour lui confier ses peines et lui demander si la situation où elle se trouve est sans issue; le tuteur consulte un abbé de ses amis, et les arguments pour et contre le divorce se trouvent exposés de la sorte. Mais, comme on peut le penser, les arguments défavorables au divorce ne sont point présentés par l'abbé avec une modération et une habileté qui les rendent séduisants. Bien au contraire, Cerfvol place dans la bouche de l'ecclésiastique des tirades insolentes où le principe de l'indissolubilité du mariage est défendu avec les raisons les plus contestables, formulées sur le ton d'une sotte naïveté.

« Il ne faut point, écrit l'abbé à la marquise d'Olman, vous flatter de l'espoir chimérique d'un divorce dont M. de R...

paraît entêté. On alléguerait en vain son existence dans les temps primitifs et l'usage qu'on en fait encore de nos jours dans quelques contrées de l'Europe. Nous répondrons à ces exemples qu'on ne se lasse point de rapporter, que si le divorce a été pratiqué dans les premiers siècles du christianisme, comme on n'en peut disconvenir, c'est que l'œuvre de Dieu n'était point encore perfectionnée. »

Voilà tout ce que l'abbé trouve à répondre aux objections historiques de Philibert et de Cerfvol; il méprise, du reste, les arguments de ses adversaires, et si on lui oppose les larmes d'une épouse délaissée, il répond avec sérénité : « A l'égard des lois de l'Église, il ne s'agit pas de récriminer contre l'effet qu'elles produisent : il faut respecter la source dont elles partent, se soumettre et se taire. » Les époux malheureux n'ont à son avis que ce qu'ils méritent puisqu'ils auraient pu embrasser cet état si agréable à Dieu : le célibat : « La religion n'offre-t-elle pas un asile assuré contre les dangers de l'union conjugale, dans l'état du célibat? Ceux donc qui ne trouvent pas dans le mariage tous les agréments qu'ils se promettaient, n'ont à se reprocher qu'à eux-mêmes de n'avoir point choisi l'état qui lui est opposé et *préférable à tous égards*. » Au surplus, le divorce est pratiqué par les protestants, cela paraît à l'abbé une raison suffisante de le condamner. « Il faut vous faire un principe universel, écrit-il à la marquise, et qui soit applicable dans tous les cas : c'est que tout ce qui vient de la part des hérétiques est mauvais; et cela parce qu'il ne peut être bon; » et plus loin : « Il ne peut pas tomber dans l'esprit d'un chrétien que Dieu ratifie ce que le pape n'approuve pas. »

Et enfin, l'abbé dédaignant même de proposer aux mauvais ménages la séparation de corps permise par l'Église, souhaite impudemment de voir le nombre des époux malheureux s'augmenter : « Plus l'état de mariage sera périlleux, dit-il, et moins l'on s'y engagera : la vie célibataire sera alors la plus généralement pratiquée, comme elle est le plus agréable à Dieu. Le monde diminuera sans doute; mais l'œuvre du Seigneur augmentera et tout sera dans le plus haut degré de perfection possible. »

Telle est la forme ridicule et quelque peu odieuse sous laquelle l'auteur présente au public les arguments des théologiens contre le divorce. Le tuteur de la marquise et quelques autres correspondants y répondent par des dissertations assez éloquentes. C'est d'abord le tuteur qui, sans livres et sans autre guide que la raison et l'expérience, s'étonne de voir le principe de l'indissolubilité du mariage affirmé seulement en France : « J'ai peu acquis par la lecture, dit-il, mais j'ai beaucoup voyagé, beaucoup vu et encore plus réfléchi. Dans presque toutes les contrées où j'ai passé, j'ai vu le divorce prévenir ou mettre fin à ces dissensions qui divisent éternellement nos maisons, qui en causent l'extinction et qui sont la source de tant de crimes. Oh! Madame, que cet usage, s'il était pratiqué parmi nous, nous aurait épargné de chagrins! Que d'assassinats, que d'empoisonnements, que de crimes atroces on aurait évité de punir, sans compter ceux qu'on ignore ou qu'on feint d'ignorer ou qu'on ne veut pas même apprendre! Le divorce remédierait à ces énormes abus; et bien différent des lois qui punissent le coupable il préviendrait le mal. J'ai vu beaucoup de personnes applaudir à cet usage; j'ai vu aussi des gens que l'idée seule du divorce mettait en colère. Il semble, en vérité que ces gens-là aient un intérêt à multiplier les vices, et que la corruption soit le thermomètre de leur félicité, etc. »

Ailleurs, la marquise, dans une lettre adressée à son tuteur, s'élève avec une vigueur persuasive contre le mariage indissoluble et raille cette morgue hautaine avec laquelle l'abbé défend les principes de sa religion. « Le mariage indissoluble n'offre aux époux mal assortis que deux issues également fâcheuses : l'adultère ou la stérilité; deux conditions également destructives du bonheur et de la tranquillité particulière et publique : encore les lois divine et humaine les réprouvent-elles. Et quand par impossible elles toléreraient ces deux états, ne se peut-il pas faire qu'une femme ne soit point assez corrompue pour embrasser l'un, ni qu'elle n'ait pas le cœur assez indifférent pour rester dans l'autre?

» Telle est cependant la cruelle alternative à laquelle les gens mariés sont réduits pour la plupart; surtout dans nos capitales où les modèles du vice ne sont pas rares et les progrès de l'exemple plus rapides qu'ailleurs. Qu'est-ce donc que le mariage pour ceux qui comme moi n'en goûtent point les douceurs, qui n'y vivent au contraire que dans la contrainte et l'affliction ou dans le danger continuel de perdre l'honneur et la vie? C'est un sacrement, me dit M. l'abbé D..., c'est un anathème pour moi, lui répondrai-je volontiers. Un sacrement! C'est-à-dire quelque chose de divin, dont je ne comprends pas l'essence, il est vrai, mais dont je ressens violemment les effets. C'est donc ce sacrement qui divise la famille de mon mari et la mienne, qui les rend irréconciliables; c'est lui qui après avoir causé la perte de mes biens causera peut-être celle de ma santé; c'est lui qui me privera peut-être encore et pour toujours de l'avantage d'être la mère d'une nombreuse postérité que j'aurais formée à la vertu, qui aurait fait ma félicité dans l'âge mûr et qui aurait pris soin de ma vieillesse; c'est lui qui m'a condamnée au chagrin de vivre isolée dans l'état de famille; c'est lui qui m'interdit le bonheur de faire celui d'un autre homme que M. d'Olman : c'est lui, enfin, qui veut que j'attende dans une imprudente sécurité l'horrible catastrophe qui doit terminer mes misères avec ma vie tandis que ma raison, que l'instinct naturel, me dit de fuir, de mettre tout en usage pour conserver mes jours et pour épargner un crime à celui qui voudrait y attenter.

» Serait-ce bien là le sacrement de mariage, cette bénédiction qui ne peut avoir pour objet que le bonheur des époux? La main de l'homme n'y aurait-elle rien ajouté? Quelque intérêt particulier n'en aurait-il pas rétréci ou étendu les devoirs ou les conditions? C'est peut-être ce qu'il faudrait examiner. Mais nous ne sommes, vous et moi, que de simples laïques, comme nous l'observe fort bien M. l'abbé D..., et des laïques ne doivent pas discuter ces matières. Est-ce que le clergé possède exclusivement le bon sens et la raison? Serait-il encore bien venu à nous dire aujourd'hui ce que disaient autrefois les gens de la société de l'hôtel de Rambouillet : Hors nous et nos amis, il faut convenir que le reste du genre humain n'a pas le sens commun? »

On voit que Cerfvol ne manquait ni de véhémence dans son style, ni de perfidie dans ses procédés de discussion. Son *Cri d'une honnête femme* était bien capable d'entretenir le mouvement d'agitation qu'avaient produit le *Cri d'un honnête homme* et la *Législation du divorce.* Infatigable à répandre ses idées, il fit paraître à Genève dans la même année 1770 une seconde édition du *Mémoire sur la population,* mais sous le titre nouveau et plus significatif d'*Utilité civile et politique du divorce.* Cette réédition était précédée d'un petit factum de 43 pages où la question du divorce était encore une fois agitée, et qui était intitulé : *Le Parloir de l'abbaye de* *** ou *Entretiens sur le divorce,* par M. de V***. Tous les moyens parraissaient bons à Cerfvol pour vulgariser ses théories ; il les avait jusqu'ici développées sous forme de traités et de lettres, il employait cette fois le dialogue.

Ces entretiens, au nombre de trois, permettent à divers personnages de discuter en termes clairs, dans un style vif et rapide, et sous une forme vraiment populaire, le principe de l'indissolubilité du mariage. Une comtesse et une marquise se racontent leurs malheurs conjugaux ; toutes deux mal mariées, elles gémissent d'être enchaînées par des liens perpétuels et elles protestent contre la puissance abusive des papes. Le premier entretien a pour objet de dépeindre les inconvénients des unions indissolubles ; après avoir montré le mal, l'auteur ne tarde pas à préconiser le remède, et dans un second dialogue, auquel prennent part, avec les personnages précédents, un magistrat et un abbé, quelqu'un invoque le *Cri d'un honnête homme,* et l'abbé de dire « que c'est une production bizarre et qui ne sera qu'éphémère ». Mais on commente le livre, on s'apitoie sur le pauvre prêteur de Landau ; la comtesse trouve bien décisif le fameux texte de saint Mathieu, et l'abbé lui réplique seulement : « Madame, ce n'est pas à vous à commenter la sainte Écriture. » Toutefois, devant les raisons historiques, devant l'exemple de la Pologne et des Grecs de la Domination de Venise, l'abbé ne trouve rien à répondre ; pressé d'arguments, il se déclare convaincu, montrant ainsi que « pour un prêtre, il n'est pas absolument opiniâtre ». Le troisième dialogue permet au magistrat et à un évêque (fervent partisan du divorce !) de développer sous une forme bien accessible les principales idées qui constituent le fond du *Cri d'un honnête homme* et de la *Législation du divorce*.

1771. — Dans l'année qui suivit, en 1771, pendant qu'il faisait paraître, sous le titre singulier de *la Gamalogie* une sorte de traité des vertus conjugales et de l'éducation des enfants, Cerfvol continuait à réclamer le rétablissement du divorce en publiant, à Amsterdam, un petit livre intitulé : *Intérêt des femmes au rétablissement du divorce*. Nous n'avons pu nous procurer cet ouvrage, qui n'existe pas à la Bibliothèque nationale, mais dont le titre indique assez les tendances.

Si l'on tient compte de ce que les diverses brochures que nous venons d'analyser eurent presque toutes plusieurs éditions et furent répandues avec une profusion que leur peu de rareté de nos jours atteste encore, on sera forcé de convenir que les années 1768 et suivantes marquent une étape importante dans l'histoire du divorce en France. Le rétablissement de cette institution n'est plus seulement prôné par les philosophes dans des dissertations spéculatives, il fait l'objet d'une véritable campagne de propagande dont le *Cri d'un honnête homme* est le premier jalon.

Il nous faut signaler maintenant une dissertation dont nous avons déjà parlé à propos du poème de Roucher : *les Mois*, c'est la note relative au chant XII, due à la plume de Garat. Sous l'influence de la poésie, ou par suite d'un penchant naturel à l'esprit de son auteur, cette note qui a la

prétention d'être juridique, est empreinte de sentimentalité;
le jeune avocat y défend en termes assez lyriques la cause
des femmes en suppliant qu'on leur accorde le divorce.

Pour Garat, le divorce est une extrémité malheureuse, mais
rendue nécessaire par la dureté de nos cœurs. « Si les lois,
écrit-il, pouvaient faire que deux êtres qui se sont aimés une
fois s'aimassent toujours davantage; si elles pouvaient ôter
à l'amour toutes ses incertitudes, ses fantaisies et ses fureurs,
pour en conserver tous les charmes dans une longue constance, il est évident qu'il serait très avantageux de proscrire
le divorce; ou plutôt il est clair qu'il serait inutile de le
proscrire. Si nos cœurs savaient bien aimer, nous n'en
aurions pas besoin; c'est parce que nous sommes très impar-
faits qu'il peut nous être nécessaire. Le divorce sera donc
toujours une imperfection de la société, comme les désordres
de l'amour sont une imperfection de notre nature. On ne peut
l'admettre que comme un mal destiné à prévenir de plus
grands maux encore. Mais est-il bien décidé que ce soit un
mal nécessaire et le génie du législateur ne peut-il être ici
plus puissant que la nature? Je ne crois pas qu'il lui soit
permis de l'espérer, et je suis convaincu que pour vouloir
rendre la société plus parfaite, il court le risque d'y introduire des désordres, des crimes et des malheurs qu'il éviterait
en aspirant à moins de perfection et en laissant à la nature
un peu plus de son indépendance. » Et plus loin : « Une des
choses les plus difficiles et cependant les plus nécessaires,
dans les institutions sociales, c'est de saisir cette juste mesure
dans laquelle la nature se soumet aux règles qu'on lui impose,
parce qu'on ne lui fait pas trop de violence. On trouve précisément cette mesure dans le mariage avec le divorce.
L'amour n'y est plus abandonné à tous les désordres de ses
caprices; mais il n'est pas asservi non plus à une tyrannie
plus funeste encore, puisqu'elle le détruit. L'engagement du
mariage sera toujours trop imposant et trop auguste pour
qu'on soit porté à le contracter sans y avoir bien réfléchi;
mais si l'on s'est mépris sur les dispositions de son cœur,

une première erreur n'entraînera pas le malheur de toute la vie; et l'on ne sera plus forcé de chercher dans le vice des plaisirs qu'on pourra trouver encore dans des unions légitimes; lorsque la société aura séparé des êtres que la nature voulait unir, les premiers liens pourront se dénouer; on pourra en former d'autres, et tout prendra sa place. Le mariage perdra peut-être quelque chose de ce caractère religieux que lui donne l'idée d'une chaîne éternelle, mais il ne cessera de paraître moins solennel et moins sacré que pour devenir plus pur et plus heureux. »

1781. — En 1781 parut, sans nom d'auteur, un livre intitulé : *Contrat conjugal ou Loix du mariage, de la répudiation et du divorce.* C'est un in-12 de 208 pages, sans indication de ville ; Barbier en mentionne une seconde édition publiée à Neufchâtel en 1783, in-8° et il attribue l'ouvrage à Jacques Le Scène des Maisons. Le *Contrat conjugal* n'offre guère d'intérêt en lui-même; il prouve seulement qu'à cette époque la question du divorce était toujours agitée et passionnait de nombreux lecteurs. On n'y trouve ni l'éloquence naïve et pittoresque de Philibert, ni la chaleur et l'abondance de Cerfvol; on pourrait même faire à l'auteur le grave reproche de s'être constamment inspiré des œuvres de ses prédécesseurs et de les avoir servilement reproduites sans jamais les citer. Il serait superflu de donner une analyse, même succincte du *Contrat conjugal;* nous ne pourrions le faire sans tomber dans des redites. Signalons toutefois dans le livre III, intitulé *De l'indissolubilité du mariage*, cette théorie bizarre, que l'homme, de sa nature inconstant, ne saurait contracter l'engagement d'aimer toujours: « Peut-on répondre de ce qu'on sentira à l'avenir? Et a-t-on le droit d'aliéner ce qui de sa nature est inaliénable? Le mariage suppose un amour mutuel. On sait que l'on préfère l'individu auquel on se lie; mais peut-on promettre de le préférer toujours? Cette promesse étant fondée sur un sentiment, sur une manière de voir, comment

répondre qu'on sentira, ou qu'on verra toujours de même? »
Et plus loin Le Scène des Maisons conteste à l'homme le
droit de contracter un engagement de sa personne parce que
la liberté est inaliénable: « L'homme avait-il même le droit de
former de tels engagements? Vendre sa liberté physique, se
vendre soi-même est un contrat absurde qui révolte et qui
tombe de lui-même. Combien plus absurde n'est-il pas
d'ajouter à cette aliénation celle des sentiments et des
pensées, d'engager un être idéal qui n'existe pas et qui
n'existera peut-être jamais? C'est en même temps un esclavage physique et moral, c'est une injure à la nature, c'est le
plus monstrueux de tous les contrats. » Le préambule de la
loi du 20 septembre 1792 exprime la même idée, en termes
moins emphatiques.

1786. — En 1786 parut dans l'*Encyclopédie Méthodique*
publiée par Panckoucke (Économie politique et diplomatique)
au mot *Divorce* un article auquel la gravité de cet ouvrage et
son caractère de vulgarisation donnent une importance particulière. L'auteur envisageait la possibilité de rétablir le
divorce; il insistait sur l'importance d'une pareille innovation
et sur la nécessité qui s'imposerait au législateur d'agir avec
une extrême circonspection. Sous prétexte de montrer
combien la question était délicate, il indiquait complaisamment toutes les objections historiques ou autres que l'on
faisait à l'indissolubilité absolue du mariage; puis enfin il
se prononçait en faveur du divorce : « Quand on examine
bien cette question, écrivait-il, on voit que le droit naturel
est peut-être plus favorable que contraire au rétablissement
du divorce, que la religion ne s'y oppose pas nécessairement,
et qu'il pourrait être, à bien des égards favorable au souverain. » En somme il résultait de cet article que tout balancé,
le divorce avait plus d'avantages que d'inconvénients, et qu'il
fallait le rétablir, sauf à « bien régler les formes, les conditions et les suites de la dissolution des mariages ».
Cependant le moment de la Révolution approchait; les

idées libérales faisaient chaque jour du chemin. En 1787, Louis XVI avait promulgué le célèbre édit qui autorisait les protestants à se marier devant les officiers de justice, consacrant ainsi les théories qui attribuaient au roi le droit de réglementer les mariages.

1789. — Enfin l'année 1789 s'ouvrit avec la promesse que les États-Généraux allaient être convoqués. Aussitôt les brochures affluèrent de tous côtés; on y proposait aux points de vue politique, juridique et administratif, des réformes sans nombre. La question du divorce ne fut point oubliée.

Il nous faut citer d'abord un assez gros ouvrage attribué à un certain Loiseau, et qui parut sous le titre de *Les États provinciaux comparés avec les Administrations provinciales. Suivis des principes relatifs aux États-Généraux à l'usage de ceux qui se destinent à concourir à l'intérêt public.*

L'auteur, dans un avertissement, nous apprend que son livre, écrit en 1780, n'avait pu être publié à cette époque, faute d'un éditeur qui voulût se charger de le faire paraître. Les *États provinciaux* constituent, en effet, un long réquisitoire contre toutes les institutions de l'ancien régime; il indique en même temps les remèdes à apporter, les modifications à opérer; le tout formant une sorte de fatras sans grande valeur. Aux pages 399 et suivantes, Loiseau parle du divorce et en demande le rétablissement : « Il existe, dit-il, un remède efficace contre toutes les dissensions conjugales, et ce remède est le divorce. » Du reste, l'auteur ne s'attarde pas en longues preuves et la légitimité du divorce ne lui paraît contestable ni en droit naturel, ni en droit civil, ni en droit canon : « Le divorce est du droit naturel et nos loix civiles ne le défendent pas, elles n'en parlent point : celles de la religion ne lui sont point opposées, » et même, pense-t-il, elles lui sont favorables parce que deux époux qui se haïssent contreviennent à la loi divine; leur salut est alors en danger et « la Religion a pour but unique, essentiel d'en faciliter tous les moyens; le divorce ne peut donc être au nombre des actes de la société civile dont elle défende l'usage ».

Si ridicules que puissent aujourd'hui nous paraître de tels arguments, ils n'en sont pas moins curieux; ils nous prouvent combien les partisans du divorce au xviiie siècle éprouvaient le besoin de se justifier du reproche d'irréligion.

Suivaient ensuite des vues assez informes sur la réglementation qu'il conviendrait de donner au divorce et sur la manière de pourvoir aux intérêts des enfants.

Une brochure qui doit attirer davantage notre attention c'est le *Traité philosophique, théologique et politique de la loi du divorce demandée aux États-Généraux par S. A. S. Mgr Louis-Philippe-Joseph d'Orléans, premier prince du sang*. Ce petit ouvrage, qui paraît être de H. J. Hubert de Matigny, parut en juin 1789; c'est une invitation très pressante aux députés des États-Généraux de ne pas se séparer sans avoir proclamé le rétablissement du divorce.

Selon l'usage, l'auteur commence par établir la légitimité du divorce au point de vue religieux : « c'est une erreur et une injustice d'imputer à la proposition du divorce de porter atteinte aux maximes de la religion chrétienne et de la catholicité. On montrera qu'elle est conforme au droit naturel et divin; qu'au concile de Trente le divorce a été jugé compatible avec le catholicisme; que l'Église respecta son établissement dans la Pologne, que nous le pratiquons tous les jours en nombre de cas dans les Églises mêmes où le concile de Trente a tout son effet. On se débat et on ne s'entend point; instruisons-nous et nous serons d'accord. »

Mais, comme il est naturel, cette étude consiste seulement à exposer la question dans le même sens que Philibert et Cerfvol, et cela, avec des formes déclamatoires et une prolixité de style inouïes. Matigny débute par de longues dissertations sur l'amour dont il chante les louanges et sur le célibat qu'il flétrit : « Si c'est une doctrine reconnue par l'Église elle-même que Dieu est un être créateur par l'amour et que l'homme est assujetti à la même loi, il est évident que l'Église

n'a point recommandé le célibat. » « L'amour des deux sexes
est une suite de l'extase que l'amour a causée à Dieu et une
effusion de sa bonté. » Il invoque Platon et Pythagore; il
s'élève avec indignation contre l'amour criminel et débauché,
rappelle Hélène, Antoine et Cléopâtre, Catilina, Alexandre,
Henri VIII; il montre les célibataires pourchassés par Lycur-
gue, chez les Hébreux, chez les Romains...; mais il nous est
impossible de le suivre dans le développement très touffu de
ses idées, exprimées dans un style pompeux et à grand renfort
d'incursions dans toutes les législations de tous les peuples et
de tous les temps.

Matigny en arrive enfin à parler du divorce; après avoir
longuement traité de l'adultère et de sa répression, il estime
que la femme adultère ne peut être pardonnée; une seule
solution s'impose : la rupture du mariage : « La femme
adultère peut se régénérer en Jésus-Christ pour l'autre vie;
mais comment sur la terre resserrer ses premiers liens avec
son époux? Peut-elle les rendre tels que l'innocence, la pudeur,
l'amour et l'honneur les formèrent? Est-il au pouvoir de Dieu
de faire que ce qui est ne soit pas? Il pourrait donc s'anéantir
lui-même? Non, la tache de l'honneur conjugal est ineffa-
çable. Un besoin brutal pourrait bien produire un lien
charnel et passager, mais l'âme est dans un divorce insurmon-
table. La femme n'est pas un vase d'or que le feu puisse
purifier. Si la main du grand Ouvrier voulait la régénérer
dans la nature et la rétablir dans son état d'innocence,
l'amour pourrait former des liens nouveaux et parfaits; mais
l'auteur de la nature ne refond pas son ouvrage quand il est
souillé par la main des hommes. Le temple de l'hymen ne
saurait se replâtrer; profané par ce monstre horrible et sans
yeux, il faut le renverser de fond en comble sans y laisser une
seule pierre. Il faut brûler l'autel où l'impie a sacrifié. Il faut
en un mot une dissolution complète.

» Adoptons ces maximes, le mariage sera respecté. Il
s'épurera de lui-même, le bon grain se séparera de l'ivraie.
La tourbe des indignes époux, bientôt avilie dans l'opinion

publique, restera dans la fange et dans l'opprobre. Nous aurons enfin des mœurs. »

Le divorce paraît donc à Matigny une institution néces-saire; aussi commence-t-il par établir qu'il est de droit natu-rel, et, dans ce but, il se retranche derrière Puffendorf. « Par le droit naturel seul, dit ce publiciste, une désertion mali-cieuse ou un refus obstiné du devoir conjugal sont un juste sujet de dissoudre le mariage. Si la femme accorde ses faveurs à d'autres, son mari peut légitimement la répudier. Et ce n'est pas seulement en vertu d'une loi divine purement posi-tive que l'adultère et la désertion malicieuse rompent un mariage, mais parce que telle est la nature de toutes les con-ventions que quand l'une des parties ne tient pas ses engage-ments, l'autre est entièrement quitte des siens; ainsi en ces cas-là un mari ou une femme sont naturellement en pleine liberté de se remarier si bon leur semble. Je n'ignore pas, dit-il, que le droit canonique établit le contraire et ne permet qu'une séparation de corps et de biens, mais rien n'est plus ridicule. »

Puis l'auteur aborde l'examen des textes bibliques sur l'union de l'homme et de la femme; il en arrive aux premiers temps du christianisme, et, reproduisant le chapitre X de saint Mathieu, il commente pas à pas le récit de l'apôtre. Quand il quitte ainsi les théories générales pour aborder des points précis de discussion, son style devient serré, lumineux et précis; toute cette question déjà traitée par les précédents auteurs est reprise avec un soin et un talent incontestables; c'est la seule partie véritablement originale de l'ouvrage.

C'est dans cet évangile de saint Mathieu que les catho-liques voient la condamnation du divorce. Matigny interprète ce récit avec plus de largeur : « Tout montre que Jésus-Christ a seulement voulu, en qualité de docteur céleste de la morale la plus conforme aux lois de la création, régler les mariages et les rendre plus parfaits, condamner l'abus que faisaient les Juifs de la liberté illimitée du divorce toléré par des raisons d'une sage politique, sous l'ancienne loi où Dieu agissait en partie comme législateur temporel; que l'homme dégradé de l'état d'innocence a reçu l'indissolubilité du mariage comme une loi générale, mais non comme une loi absolue et sans exceptions : qu'il n'y a point de doute que c'est se rapprocher de la perfection de vivre inséparablement unis ; et que c'est donner à sa famille et à ses concitoyens une haute idée de ses vertus. »

Matigny termine son traité par une étude fort complète du divorce chez les premiers rois francs et par un commentaire adroit, sinon exact, des conciles d'Elvire et de Trente; il fait allusion au mouvement de propagande qui s'est nettement dessiné en France depuis 1768 pour le rétablissement du divorce, et il cite avec éloge le principal ouvrage de Cerfvol en le résumant brièvement. Le livre se termine par un projet de loi, concernant l'attribution des biens en cas de divorce, ainsi que la réglementation du sort des enfants.

Nous citerons encore pour l'année 1789 un livre de Linguet intitulé : *Légitimité du divorce.* Ce factum, très court du reste (36 pages), traite presque exclusivement la question du divorce au point de vue de sa prétendue compatibilité avec le dogme catholique. Notons cependant une particularité, c'est que l'opuscule de Linguet porte le nom de son auteur, alors que, sauf Garat, tous ceux qui jusque-là avaient réclamé le rétablissement du divorce avaient jugé prudent de garder l'anonyme.

Le livre de Linguet est sans importance; il n'en est pas de même d'un ouvrage, intitulé *Du Divorce,* qui parut sans nom d'auteur vers la fin de l'année 1789, et qui ne devait pas avoir moins de trois éditions. La dernière, parue en 1792, à Paris, portait le nom de l'auteur : le chevalier Alb.-Jos. Ulpien Hennet.

C'est une brochure de circonstance, publiée à la hâte, dans un moment où toutes les réformes semblaient possibles. « Quelque abusive que fût l'indissolubilité du mariage, dit Hennet dans sa préface, elle existait et j'osais à peine en espérer la destruction; mais lorsque l'Assemblée nationale, dans la nuit mémorable du 4 août, eut porté la hache dans cette forêt d'abus antiques qui couvrait la France, je n'ai plus douté que l'abus de l'indissolubilité ne suivît les autres dans leur chute. » Aussi est-ce une œuvre de propagande vraiment pratique qu'entreprend l'auteur, il va reprendre encore une fois toute la question depuis les arguments historiques et religieux jusqu'à un plan de législation, et réclamer le divorce.

Nous ne voulons pas présenter une analyse du livre de Hennet, car il diffère très peu, quant au fond, de ceux dont nous avons déjà parlé ; nous préférons donner simplement l'intitulé des principaux chapitres :

Livre Premier. — *Histoire du divorce :* Lois sur le divorce à la création du monde. — Lois sur le divorce avant Jésus-Christ. — Paroles de Jésus-Christ sur le divorce. — Lois sur le divorce dans les premiers siècles du christianisme. — Usage du divorce dans les divers États de l'Europe jusque vers le XIIe siècle. — Innovation des papes sur le divorce. — Décisions des conciles sur le divorce. — État actuel des choses relativement au divorce.

Comme on le voit, la partie historique était traitée d'une manière complète ; nul scrupule ne pouvait subsister dans les âmes catholiques, et la seule question qui pût se poser était celle de l'utilité sociale du divorce. Telle était, en effet, la conclusion que l'auteur tirait lui-même de son livre premier : « On ne préjuge plus, on juge aujourd'hui ; on cherche non ce qui est, mais ce qui doit être ; on veut des raisons et non des autorités ; et l'on commence à croire que nous pouvons dans un siècle éclairé faire mieux que n'ont fait nos pères dans des siècles d'ignorance. Il me reste donc à examiner si le divorce en lui-même est *bon ou mauvais, avantageux ou nuisible.* »

C'était l'objet du livre II intitulé : *Nécessités et avantages du divorce* et divisé en sept chapitres : Le divorce est conforme à la nature. — Le divorce est conforme à la justice. — Avantages du divorce pour la religion. — Avantages du divorce pour les mœurs. — Avantages du divorce pour la politique. — Réfutation des objections contre le divorce. — Récapitulation des avantages du divorce. — Et l'auteur énumérait ici tous les bienfaits que Philibert, Cerfvol, Le Scène, Matigny avaient escomptés du rétablissement du divorce : les mariages seraient encouragés, les dissensions conjugales prévenues, tous les désordres arrêtés dans leur source; on perdrait jusqu'au souvenir des séparations de corps, « ces immorales et indécentes procédures inconnues aux tribunaux antiques et qui ont si longtemps déshonoré les tribunaux modernes ; » les accusations d'impuissance seraient abolies; la cassation des mariages deviendrait inutile, l'adultère n'affligerait plus que très rarement nos sociétés; le célibat recevrait un coup mortel et la prostitution finirait par disparaître. Mais quel serait l'effet le plus inattendu de cette heureuse institution? Hennet va nous le dire et après cette interminable énumération, ce dernier bienfait n'est point sans saveur : « De tous ces avantages le plus grand, le plus précieux, le plus général, celui qui intéresse tous les citoyens, celui qui seul pourrait faire décider la question, celui qui est reconnu par tous les moralistes, par tous les législateurs, celui qui est attesté par tous les peuples anciens et modernes, c'est que la loi du divorce est le plus grand préservatif du divorce même; que dès qu'il est possible il devient presque inutile; que dès qu'il est permis il est très rare et qu'il s'anéantit par lui-même. Voulez-vous la paix, dit-on, préparez la guerre; je dirai de même : voulez-vous qu'on ne divorce pas, permettez le divorce, Oui cette institution, quand les nœuds de l'hymen sont relâchés, les resserre plus souvent qu'elle ne les rompt, prévient plus de fautes qu'elle n'en punit, empêche plus d'erreurs qu'elle n'en répare, enfin elle est moins l'art de détruire les mauvais ménages que l'art de rendre tous les mariages heureux. »

Enfin, dans le livre III Hennet étudiait avec détails à quelles formes il conviendrait de soumettre la dissolution du mariage, et comment il faudrait régler le sort des enfants.

L'auteur proposait huit causes péremptoires de divorce qu'il suffirait au demandeur d'établir pour obtenir gain de cause, et qui étaient les suivantes : 1° la mort civile; 2° une condamnation à une peine infamante; 3° l'emprisonnement de longue durée; 4° la captivité dont on ne peut prévoir la fin; 5° l'expatriation forcée ou volontaire, ou la disparition d'un des conjoints dont on n'a point de nouvelles; 6° l'infécondité d'un hymen pendant un temps indéterminé, sans que l'on puisse en rechercher les causes; 7° une maladie incurable et qui mette obstacle à la génération; 8° la démence. C'est ce que Hennet appelait le « divorce déterminé », parce que chacun de ces motifs peut se prouver sans scandale, ne peut se supposer quand il n'existe pas, et peut toujours se constater quand il existe. »

Au surplus quatre autres causes (1° un crime quelconque; 2° l'adultère; 3° le désordre extrême; 4° l'incompatibilité de caractère) pouvaient donner lieu au « divorce indéterminé »; ce divorce ne devait point être prononcé par les tribunaux, parce que chacun des motifs ci-dessus énumérés « ne peut se prouver que par une procédure immorale; parce qu'il peut se supposer quand il n'existe pas; et que, quand il existe, il n'est pas toujours possible de le constater. » Et cependant ces causes devaient être soumises à un tribunal de famille, composé d'après des règles particulières, et dont la mission eût été de prononcer ou de refuser le divorce, après avoir entendu les explications des deux époux. L'idée du tribunal de famille sera reprise par le législateur de 1792.

Puis le sort des époux et des enfants après la dissolution du mariage était prévu et réglé avec de minutieux détails dans lesquels nous n'entrerons point.

Cet ouvrage eut, ainsi que nous l'avons dit, un grand retentissement; non point qu'il présentât beaucoup de vues originales, mais simplement parce qu'il venait à son heure, dans un moment où le pays entier impatient de réformes s'intéressait à tous les changements que l'on proposait.

Le traité *du Divorce* suscita du reste plusieurs réfutations. L'abbé de Chapt de Rastignac, dans un ouvrage intitulé : *Accord de la révélation et de la raison contre le divorce*, attaqua vivement les affirmations de Hennet relatives à la religion, il contesta même l'exactitude de certaines citations, et l'abbé Barruel fit paraître en décembre ses *Lettres sur le divorce à un député de l'Assemblée nationale*. Dans quatre lettres, Barruel stigmatisait avec virulence l'œuvre de Hennet et de ses devanciers ; il exagérait la portée d'une loi sur le divorce pour en mieux faire ressortir les dangers ; il taxait de mauvaise foi et d'ignorance grossière tous les commentaires des Livres Saints et des conciles favorables au divorce ; il traitait son adversaire de mauvais chrétien, mauvais époux, mauvais père et mauvais citoyen, et il suppliait l'Assemblée nationale de ne point donner satisfaction sur ce point aux réclamations des philosophes. La violence de l'abbé souleva de vives protestations, et dans un article du *Spectateur national,* un rédacteur de cette feuille disait du bouillant Jésuite : « Il pense que l'ordre du Dieu de tout bonheur et de toute justice est que le malheur soit ici-bas le partage du plus grand nombre des époux. Il n'y a rien à dire contre une pareille idée, sinon qu'elle peut dégoûter des catéchismes, des prônes et même des livres de l'éloquent abbé Barruel. Ajouterons-nous du fanatique abbé ? Pourquoi pas [1] ? »

Pour être impartial, nous ne cacherons pas que dans leur violence les réfutations de Barruel n'étaient guère plus persuasives ni mieux étayées que les arguments de Hennet, et il existe à ce point de vue une très grande différence entre cette polémique et celle qui quatre-vingt-dix ans plus tard devait avoir pour champions l'abbé Vidieu, le Père Didon, Dumas fils et A. Naquet.

Un livre fait cependant exception à la remarque que nous venons de faire, et tranche sur les productions similaires de l'époque : ce sont les *Observations sur le divorce par le*

---

1. *Spectateur national,* 12 janvier 1790.

comte d'Antraigues (décembre 1789). Le comte d'Antraigues, qui devait plus tard se dévouer à la cause des Bourbons et accepter une subvention des cours étrangères pour prix de son zèle royaliste, s'était au début de la Révolution montré grand partisan de réformes, et dans son *Mémoire sur les États-Généraux,* paru en 1788, il avait énergiquement combattu tous les privilèges; dans le même état d'esprit novateur il avait écrit les *Observations sur le divorce.* Cette brochure, assez courte, est remplie d'idées justes, de vues personnelles, de propositions utiles et modérées; elle eût mérité l'attention des divers législateurs qui ont depuis réglementé cette partie du droit.

D'après d'Antraigues, noble insurgé contre la noblesse, le grand péril du temps ce sont les mariages de convenance où tout préoccupe sauf les sentiments et la vertu de ceux qu'on unit. Pour remédier à cette situation, il faudrait abréger la durée du véto que les parents peuvent opposer au mariage de leurs enfants; alors, sans souci des castes, des fortunes et des préjugés, les jeunes époux pourront laisser parler leurs cœurs et contracter d'heureux mariages d'amour. « Pour donner aux citoyens la plénitude de leur liberté, pour rendre cette liberté utile, il faut que les enfants puissent se marier à vingt ans ou à vingt-deux sans la permission de leurs pères et sans que ceux-ci puissent les priver de leur légitime et d'une pension alimentaire ; mais après avoir cherché à éloigner le divorce, il faut que la loi l'établisse quand ce cruel moyen de se séparer pourra être mis en usage. » Tels sont donc les deux remèdes que d'Antraigues préconise pour améliorer les mœurs : faciliter les mariages dans le but d'en laisser contracter de plus heureux et permettre de les rompre quand ce résultat n'a pas été atteint.

Si d'Antraigues demande qu'on rétablisse le divorce, il y met cependant une restriction essentielle, capitale : c'est que le divorce sera impossible dès que les époux auront eu de leur mariage un enfant, à moins, bien entendu, qu'il ne soit le fruit d'un adultère.

« Quand des enfants ont survécu au bonheur de leur père et que, nés quand ils s'aimaient, le ciel les fit orphelins sans conduire au tombeau ceux qui leur donnèrent la vie, alors la main des hommes ne peut, sans crime, séparer ceux qui malgré les lois et malgré eux-mêmes doivent toujours rester unis; elle ne peut rendre éternel un malheur momentané et ravir à un citoyen le bien dont le ciel l'a privé dans sa colère mais qu'il lui rendra dans sa clémence.

» Le divorce, pour être légitime, exige: 1° l'impossibilité morale d'un accommodement entre les époux; 2° la possibilité de porter entièrement ailleurs un cœur délivré de ses premières chaînes.

» Rien de tout cela ne peut exister quand le ciel a donné des enfants aux époux. »

Les raisons invoquées par l'auteur des *Observations* nous paraissent justes et elles auraient mérité de trouver place dans notre législation; on peut ajouter qu'un mariage sans enfants n'est pas un mariage parfait, puisque sa première fin n'a pas été réalisée et que l'enfant est un tiers à qui, moralement au moins, préjudiciera le divorce de ses auteurs. On répondra que les juges tiennent compte, en fait, de toutes ces circonstances quand les époux demandent le divorce; ce n'était pas une raison pour ne point consacrer législativement le principe.

Selon d'Antraigues donc, il ne saurait y avoir de divorce que si le mariage n'a pas donné d'enfants; mais lorsque cette condition est remplie, et dans certains cas déterminés où la vie commune était devenue insupportable, « vous entrevoyez la possibilité de faire deux heureux, et vous faites cesser un mal présent; c'en est assez pour légitimer le divorce. » L'auteur, qui a déjà diminué infiniment le nombre des divorces possibles, en les réduisant aux mariages inféconds, va dans la même pensée restreindre les cas de divorce proposés par ses devanciers. C'est Hennet, croyons-nous, qui avait proposé la liste la plus longue; d'Antraigues en critique l'étendue et la réduit à deux cas: l'adultère, et le désordre extrême. Pour lui, plus effectivement encore que pour Philibert, Cerfvol et leurs continuateurs, le divorce doit être une mesure d'exception, un remède suprême aux situations sans issue. C'est dans la même pensée que le Code civil de 1803 et la loi du 27 juillet 1884 ont continuellement restreint le nombre des causes de divorce.

Entre l'adultère et le désordre extrême, d'Antraigues établit une différence que notre législation actuelle a incomplètement reproduite. L'adultère sera une cause péremptoire de dissolution du mariage ; les juges ne pourront pardonner ce que le conjoint n'a pas oublié ; cela pour rendre aux mœurs leur pureté et flétrir un crime dont les usages ont affaibli la notion. Le désordre extrême, au contraire, sera, même s'il est établi, laissé à l'appréciation des juges qui pourront refuser le divorce et impartir à l'époux coupable des délais pour s'amender.

Quant à l'incompatibilité des caractères, il n'estime point que l'on puisse en faire une cause de divorce, mais seulement de séparation prolongée : « l'âge, le temps, le repentir peuvent changer les caractères, inspirer à l'un plus de tolérance, diminuer dans l'autre l'énergie de ses vices » et, résumant en une phrase l'idée maîtresse qui lui a suggéré toutes ces restrictions à la liberté du divorce : « Cette loi, dit-il, est un malheur quand elle est devenue nécessaire ; et il faut user de tous les moyens possibles pour rendre ce malheur infiniment rare. » Prévoyant peut-être les excès dans lesquels on allait bientôt tomber, il ajoutait : « Nos mœurs sont corrompues. Cette corruption seule, parvenue à son comble, nécessite le divorce, mais la liberté du divorce accroîtra la corruption, si la loi ne la restreint avec la plus grande sévérité... »

Puis, combattant le projet alors populaire de soumettre les différends domestiques à un tribunal de famille, système préconisé par Hennet et bien d'autres publicistes, il affirme que « vouloir établir en France l'autorité d'un tribunal domestique, c'est vouloir naturaliser chez un peuple sans mœurs un tribunal qui n'existe qu'avec les mœurs et qui périt avec elles. » Le législateur du 20 septembre 1792 n'entendit pas cette protestation; mais l'institution d'une assemblée de parents dont il consacrait l'existence, n'a pas trouvé place dans les lois de 1803 et de 1884.

Comme on le voit, la brochure du comte d'Antraigues se distinguait de toutes celles qui l'avaient immédiatement précédée; le *Cri d'un honnête homme* avait fourni le thème de nombreux développements où l'idée première était quelquefois précisée et complétée, mais qui ne constituaient point des œuvres originales : les *Observations sur le divorce* sont vraiment une œuvre personnelle.

Le livre, du reste, ne passa pas inaperçu; l'auteur fut complimenté d'avoir malgré son nom et les préjugés habituels de son ordre réclamé le rétablissement du divorce; d'aucuns même, tout en lui décernant de justes éloges, regrettaient sa modération extrême, estimant que « sa manière de comprendre le divorce équivalait à un refus »[1].

Nous citerons encore pour l'année 1789 l'*Art de rendre les ménages heureux,* publié à Paris, où l'auteur (anonyme) exposait que ce serait rétablir le divorce en France et non l'établir, que d'en permettre l'usage. En outre des arguments et raisonnements tant de fois produits précédemment, l'auteur réclamait la suppression absolue des séparations de corps et demandait que le divorce fût prononcé sans que les époux eussent à divulguer les causes de leur mésintelligence.

Signalons encore une brochure de 42 pages intitulée *Griefs et Plaintes des femmes mal mariées* par de Cailly, où le divorce était réclamé dans le but de soustraire la femme à un joug insecouable. « Quoi! disait l'auteur, le mariage est une société légitime; et dans cette société l'un est tout et l'autre n'est rien! Ils ne font qu'un : et une moitié de cette union commande, l'autre sert! l'une opprime, l'autre est opprimée et ne peut cesser de l'être. » Et enfin les *Réflexions*

---

1. *Spectateur national,* 22 février 1790.

d'un bon citoyen en faveur du divorce. Tel est le bilan de l'année 1789.

1790. — Le nombre des ouvrages sur le divorce devait augmenter encore dans l'année 1790 qui fut particulièrement fertile en littérature *divorciaire.*

Dans la quantité de ces brochures il en est une qui se distingue, au moins par son étendue; elle est intitulée : *Observations sur l'accord de la Raison et de la Religion pour le rétablissement du divorce, l'anéantissement des séparations entre époux et la réformation des lois relatives à l'adultère* (Paris, 1790). L'auteur en était Bouchotte. Nous n'analyserons pas son livre; il nous suffira de dire qu'il y faisait longuement le procès des séparations, et que la partie relative à la légitimité du divorce au point de vue catholique était traitée avec un grand luxe de citations, en négligeant les arguments historiques et en interprétant seulement avec un soin méticuleux les textes sacrés. Disons encore que Bouchotte était partisan du tribunal de famille et qu'il proposait d'établir trois catégories de procédures de divorces, d'un fonctionnement ingénieux.

Cependant le projet de rétablir le divorce devenait chaque jour plus populaire. Marmontel ayant publié dans le *Mercure* du 6 février 1790 un article où il défendait le principe de l'indissolubilité du mariage, en se fondant principalement sur le devoir d'éducation qui incombe aux parents, des réfutations de cet article surgirent aussitôt : un anonyme publia *La Nécessité du divorce.* L'auteur, après avoir répondu à Marmontel, y tançait l'abbé Barruel dont les *Lettres sur le divorce* lui paraissaient injurieuses, et voici dans quels termes il lui reprochait la hauteur et le dédain avec lesquels il se retranchait derrière l'infaillibilité de son dogme : « C'est cette infaillibilité qui anathématisa le système de la rotation de la terre et fit gémir dans un cachot l'immortel Galilée pour prix de la plus sublime découverte. C'est cette infailli-bilité qui n'a pas su croire aux antipodes et a cru aux sorciers pour les brûler chrétiennement, qui a accrédité les miracles les plus impertinents; c'est elle qui a guéri les écrouelles par la vertu qu'elle a donnée à l'attouchement de nos rois, la peste par saint Roch, la rage par saint Hubert, etc., en revanche a proscrit l'émétique, l'inoculation, la philosophie et la raison contre laquelle viennent enfin se briser ses arguments et ses chaînes. » Le temps était proche où les partisans du divorce n'auraient plus besoin d'affecter le respect de la religion catholique. C'est dans un style incisif, souvent violent et passionné, que l'auteur résume en quelques pages les arguments et les théories que nous avons tant de fois exposés; son livre n'est pas une œuvre d'étude qui persuade, c'est une arme de bataille dont la brutalité décide les timides et rassure les convaincus.

Les mêmes théories sont encore soutenues, mais avec moins de fougue dans l'*Essai sur l'éducation et l'existence civile et politique des femmes dans la constitution française.* Cet Essai, nous dit la brochure, avait été lu au Waux-Hall d'été le 13 décembre 1790 et l'assemblée en avait voté l'impression par voie de souscription. L'auteur était un certain Charles-Louis Rousseau, député extraordinaire de Tonnerre. Après avoir longuement parlé de l'éducation des jeunes filles, de ses lacunes et de ses vices, Rousseau en venait à traiter du mariage. En termes pompeux il décrivait cette institution, ce qu'elle devrait être, et quelles améliorations pourraient y être apportées, au cas de mésintelligence des époux; le divorce fournissait un thème fort propice à ses déclamations.

Cet Essai fait partie de la littérature féministe de l'époque. A ce point de vue on peut en rapprocher les *Vues législatives sur les femmes adressées à l'Assemblée nationale par Mlle Jodin, fille d'un citoyen de Genève.* Elle aussi revendiquait pour la femme une part d'égalité et pensait trouver dans le divorce une sanction de ce principe. Les vues de Mlle Jodin étaient très vastes; après avoir dressé contre la corruption des mœurs un réquisitoire qui rappelle certaines protestations très modernes, elle réclamait la composition de

grands tribunaux de femmes chargés de juger tous les procès
entre parents et de veiller à ce que les jeunes filles ne soient
point cloîtrées contre leur gré; elle demandait la réunion
d'un grand congrès national des femmes françaises où toutes
les questions relatives à leur situation politique et juridique
auraient été débattues et résolues. Incidemment elle avait
occasion de traiter la question du mariage et voici en quels
termes elle en combattait l'indissolubilité : « Rendre les
mariages faciles et heureux me paraît la chose la plus difficile
si le divorce n'est point établi; car le mariage indissoluble
est un lien contre nature qui finit presque toujours par peser
sur ceux qui l'ont contracté. Je ne connais point de serment
plus inconsidéré que celui de l'éternelle fidélité que se jurent
deux individus en face des autels; il ne peut être prononcé
que par des imbéciles, des enfants, ou des gens de mauvaise
foi qui ne s'y soumettent que comme à une formule qui
n'emporte plus avec elle aucun respect. » Puis Mlle Jodin
s'étendait en considérations assez insignifiantes sur le divorce,
dont elle espérait le prompt rétablissement.

Nous citerons encore pour l'année 1790 une très courte
brochure ayant pour titre : *L'Ami des enfants,* où un anonyme répondait aux objections contre le divorce tirées de
l'intérêt des enfants; une *Lettre par M. Tapin sur le
mariage;* une *Lettre du Marquis de C... au Comte de T...
sur le divorce; Le divorce, par le meilleur ami des femmes;*
et enfin, le *Mémoire sur le divorce.*

1791. — L'année 1791 débute par le *Sermon capucino-
philosophique, par M*** ci-devant cordelier,* où le soi-disant
défroqué réclame dans un style quelque peu ordurier le
mariage des prêtres et le divorce : « N'allez pas, mes Frères,
écrit-il, vous effaroucher du divorce, ni l'accuser d'innovation
dangereuse. Ne dites pas que c'est une chose inouïe. On
croirait que vous n'avez rien vu ni rien lu. L'Europe en plus
grande partie qui jouit de l'heureuse influence de cette loi
rirait de votre préjugé. L'antiquité tout entière sacrée et

profane vous en fait honte. La postérité que dirait-elle? Vous lui sembleriez barbares, elle vous nommerait protecteurs de la féodalité maritale avec raison... enfin, en dernière analyse, un divorce vaut mieux qu'une séparation ; il vaut mieux aussi qu'un mauvais ménage. Il fera donc éclore un grand nombre d'enfants, en favorisant la population il augmente la force publique et les biens qui en sont la suite. Invoquons le divorce générateur, que les bons citoyens s'écrient : *Veni Creator.* »

Si nous avons cru devoir citer tant de fragments qui n'ont par eux-mêmes ni une grande valeur, ni même un grand intérêt, c'est pour montrer que cette campagne en faveur du divorce a revêtu toutes les formes et a été soutenue par des écrivains d'un mérite très différent et dans des genres très divers.

A ce dernier point de vue nous rappellerons un roman paru en 1791 et dû à l'auteur célèbre de *Faublas :* Louvet. Il est intitulé : *Émilie de Varmont, ou le Divorce nécessaire;* c'est un récit dramatique et embrouillé où les plus grands malheurs advenus aux divers personnages n'ont d'autre cause qu'une union mal assortie et bientôt criminelle.

Nous mentionnerons encore la *Pétition à l'Assemblée nationale, par Montaigne, Charron, Montesquieu et Voltaire, suivie d'une consultation en Pologne et en Suisse.* Ce petit ouvrage, dû à la plume de Hennet, est assez curieux : la *Pétition* est formée d'extraits puisés dans les écrits des phylosophes partisans du divorce; elle contient en outre une curieuse bibliographie des ouvrages parus sur la question; la *Consultation* est écrite sur des pages divisées en trois colonnes; à la suite d'une demande (exemple : *Quelles sont les causes pour lesquelles le divorce s'accorde*), la première colonne indique comment la question a été résolue en Pologne, la seconde en Suisse; la troisième colonne reste blanche pour que le lecteur puisse y mettre ses réflexions et la solution qui lui paraît la meilleure.

Pour être complet, nous citerons enfin une *Lettre à*

M*** sur le divorce, petite brochure in-8ᵉ de 27 pages (1791);
*Il est temps de donner aux époux qui ne peuvent vivre
ensemble la faculté de former de nouveaux nœuds*, Paris,
juin 1791 ; et *les mariages heureux ou Empire du divorce,
suivi d'une réfutation contre le divorce*, par M. F...., juge de
Brives, 1791.

1792. — Si nous ajoutons à cette longue liste un ouvrage
de Demati, paru en 1792, sur *le Divorce et le Célibat* nous
aurons donné l'énumération à peu près complète, croyons-
nous, des brochures publiées avant la loi du 20 septembre 1792,
sur la question du divorce. Nous avons omis à dessein d'y
faire figurer les ouvrages extrêmement nombreux où cette
institution n'a été réclamée que d'une manière incidente[1].

1: *Essai sur la législation et les finances de la France,* par M. de la Porte,
agent de change à Bordeaux. 1789, p. 33 et 113.

Adresse aux amis de la paix, par M. Servan. 1789, p. 23.

Voyage en Suisse, par M. Robert. Paris, 1789, t. I, p. 72.

Essai sur les mœurs, ou point de constitution sans mœurs. 1790, 1 vol.; 158 p.,
p. 144.

Dialogue des Dieux sur les affaires du temps, par M. Merlin. 1790, p. 34.

Des premiers principes du système social. 1790, p. 87.

Histoire du Palais-Royal, par M. Rétif de la Bretonne. 1790, t. III, 2ᵉ partie.

CHAPITRE TROISIÈME

L'OPINION

Les nombreuses brochures dont nous avons donné l'analyse prouvent bien que le rétablissement du divorce était devenu un projet populaire, au moment de la Révolution. Il est intéressant de constater le même mouvement d'opinion dans les journaux de l'époque, dans les cahiers des États-Généraux, et de relever dans les procès-verbaux des assemblées délibérantes les réclamations réitérées d'une loi sur le divorce.

Les journaux. — Dans son numéro du 16 janvier 1790, le *Spectateur national* publiait une fort longue lettre émanée d'un adversaire du divorce; la rédaction faisait suivre cette lettre d'une note où elle prévenait les lecteurs que, si elle avait cru intéressant de publier la communication qui venait de lui être faite elle n'en adoptait nullement les conclusions, ayant à ce sujet des vues absolument contraires dont le public serait bientôt informé. Dans son numéro du 1ᵉʳ janvier 1790, le *Spectateur national* en annonçant l'apparition de l'*Art de rendre les ménages heureux*, avait déjà applaudi aux efforts de l'auteur de cet opuscule. Le numéro du 12 janvier de la même année contenait des attaques extrêmement vives contre l'abbé Barruel qui venait alors de donner au public ses *Lettres sur le divorce*, en réponse au livre de Hennet. Divers articles bibliographiques parus dans les numéros des 22 février et 6 mars 1790 confirmèrent les tendances de ce journal nettement favorable au rétablissement du divorce.

Le 17 juin 1791, la *Feuille du Jour* publiait également une

prétendue lettre qui lui aurait été adressée par une épouse
malheureuse. La correspondante anonyme dépeignait ainsi
son infortune : « Ne trouvez-vous point étrange, Monsieur,
que je prenne la voie de votre journal pour exprimer le vœu
de toutes les femmes dont la position ressemble à la mienne?
A quoi servira donc la Révolution si la liberté, ce bien si cher,
ne nous est promis que pour nous en faire sentir plus vivement la privation?

» Un nœud indissoluble formé quelquefois par l'amour,
plus souvent par la tyrannie, me lie avec un homme que je
mésestime et dont je rougis de porter le nom. Tourmentée
de souvenirs déchirants, accablée sous le coup des chaînes
que j'abhorre, dois-je dans le printemps de ma vie me
nourrir d'amertume et de douleur? »

Et cette voix, dont l'accent nous paraît un peu trop pathé-
tique pour être sincère, trouvait un écho. Dans le numéro du
22 juin la *Feuille du Jour* publiait une réponse à la lettre
du 17, émanée d'une autre épouse infortunée. Cette nouvelle
victime du mariage, infiniment touchée des plaintes et des
malheurs de la première, exposait sa triste situation d'épouse;
mariée à un débauché qui depuis quinze ans vivait en concubinage, les lois et les mœurs ne lui avaient offert d'autre consolation que de se retirer dans un couvent. Comme bien l'on pense,
ces récits étaient tous deux terminés par des vœux ardents
pour le rétablissement du divorce.

Dans ses numéros des 4 et 24 février 1790 la *Chronique de
Paris* manifestait son impatience de voir l'Assemblée nationale
rendre un décret sur le divorce.

Le *Moniteur* enfin publiait fréquemment des articles sur le
divorce et signalait tous les ouvrages qui paraissaient sur cette
matière. Dans son numéro du 25 juin 1790, sous la rubrique :
Mélanges, il publiait une lettre où le divorce était instamment
réclamé et qui se terminait par ces mots : « Suffit-il, d'ailleurs,
de rendre le Français libre dans la vie publique, s'il est esclave
dans la vie privée? Interrogeons sur ce point Athènes, Rome,
l'Angleterre, la Suisse, les États-Unis, qui tous ont reconnu

le divorce avec la liberté; ou plutôt imitons ces grands et sages modèles et qu'à la fête de la confédération l'œil ne s'attriste plus à l'aspect d'un préjugé, d'un esclavage survivant à tant d'esclavages et de préjugés si glorieusement anéantis. » Et la rédaction, afin de bien affirmer ses sympathies pour le rétablissement du divorce, ajoutait en note : « Les détracteurs de cette réforme si utile à la religion, aux mœurs, à la prospérité publique, feignent toujours de confondre le divorce sagement réglé et qui corrige plus de mariages qu'il n'en dissout avec la faculté illimitée de changer de maris et de femmes. Faut-il proscrire les remèdes parce que, mal administrés, ils deviennent des poisons? » Dans le numéro du 2 novembre 1791 un correspondant du *Moniteur* faisait cet aveu plaisant : « Je compte bien que notre législation actuelle établira le divorce, et moi j'attends que cette loi soit rendue pour me marier. »

Le 17 février suivant, le *Moniteur* publia encore un article de Lequinio. Le député du Morbihan s'étonnait, dans un style déclamatoire, que l'Assemblée législative n'eût pas encore voté une loi sur le divorce. Le 21 mars 1792, c'était la rédaction elle-même qui disait : « On demande de toutes parts la loi sur le divorce et l'Assemblée nationale paraît à la veille de s'en occuper. »

Nous citerons encore parmi les articles de journaux relatifs au divorce : *les Petites Affiches*, 12 novembre 1789; *le Courrier national*, 30 novembre 1789; *les Annales patriotiques*, 5 janvier 1790; *le Journal de Versailles*, 19 août 1790; *le Club des Observateurs*, 12 décembre 1789; *l'Assemblée nationale*, n° 30; *le Journal gratuit*, n° 13; *les Annales universelles* de 1790; *les Révolutions de Paris*, n° 85.

Comme on le voit, la liste est longue, et encore n'avons-nous point la prétention de la donner complète. Reportons-nous maintenant à une autre manifestation de l'opinion : les cahiers de 1789.

Les Cahiers. — Les auteurs, d'ailleurs très brefs sur notre sujet, qui ont écrit l'histoire du divorce en France, s'accordent à dire que les cahiers de 1789, à l'exception de celui dont était porteur le duc d'Orléans, ne réclament point le divorce. Il existe à notre avis deux cahiers qui demandent le rétablissement du divorce... et le cahier dont était porteur le duc d'Orléans, plus tard Philippe-Égalité (cahier de la noblesse du bailliage de Crespy-en-Valois), est muet sur ce point. C'est dans les *Instructions* que le duc d'Orléans adressa à ses agents lors de la convocation des États-Généraux, que ce prince se déclara partisan du divorce. Mais signalons d'abord les cahiers hostiles au divorce.

Le cahier des doléances de l'ordre du clergé de la principauté et province d'Orange porte : « Si on proposait à l'Assemblée des États-Généraux l'introduction d'une loi qui permettrait le divorce, nous chargeons notre député de s'opposer à l'établissement d'une pareille loi, comme contraire au droit divin et aux bonnes mœurs » [1].

Le cahier de la paroisse d'Aulnay-les-Bondis croit « qu'il serait du plus grand danger d'admettre le divorce, qui occasionnerait un bouleversement général en France, et serait le sujet du plus grand scandale » [2].

Le cahier des doléances de la communauté des habitants de la paroisse de Stains enjoint à son député de « s'opposer aux demandes qu'on pourrait faire pour le divorce » [3].

Le cahier du clergé du pays et vicomté de Soule insiste pour « que l'on déroge à l'article premier de la coutume, titre des vendications, qui introduit la répudiation » [4].

Donc, quatre cahiers au moins protestent contre tout projet de rétablir le divorce. Voici maintenant les deux cahiers qui émettent un vœu contraire. C'est d'abord le cahier pour le Tiers-État du district de l'église des Théatins à Paris, qui sous la rubrique *Objets d'utilité générale,* inscrit le desideratum suivant : « Le divorce sera pareillement permis, car un

---

1. *Archives parlementaires,* 1re série, t. IV, p. 267, 1re col.
2. *Archives parlementaires,* 1re série, t. IV, p. 326, 2e col., art. 17.
3. *Archives parlementaires,* 1re série, t. V, p. 124, 1re col., art. 12.
4. *Archives parlementaires,* 1re série, t. V, p. 775, art. 42.

contrat indissoluble est opposé au caractère inconstant de l'homme [1] ».

Et, enfin, le cahier des plaintes et doléances du Tiers-État de la prévôté de Fleury-Mérogis qui, sous la rubrique *Lois civiles*, porte que, « pour éviter le scandale, il serait utile de laisser la liberté du divorce en la rendant notoire par une simple assemblée de parents des deux parties devant un juge royal où il serait pourvu aux droits et à l'existence des enfants, en leur délaissant une partie des biens propres et de communauté des parties divisées [2] ».

Comme on le voit, la campagne entreprise par Philibert et Cerfvol avait porté ses fruits; on peut dire que le rétablissement du divorce était, en 1789, une question à l'ordre du jour.

Les Assemblées délibérantes. — Depuis la convocation des États-Généraux jusqu'au mois d'août 1792, époque où le principe du divorce fut solennellement consacré, nous retrouvons dans les procès-verbaux des Assemblées Constituante et Législative d'incessantes motions en faveur du rétablissement du divorce.

Un proposition de ce genre fut longuement soutenue à la tribune de l'Assemblée nationale dans la séance du jeudi 5 août 1790 [3]. L'Assemblée, qui discutait alors une série de décrets sur l'organisation judiciaire, s'occupait ce jour-là des bureaux de paix et des tribunaux de famille. Le député Gossin se leva et, après avoir dit beaucoup de bien de ce projet qui soustrayait à la malignité publique les procédures en séparation, il ajouta : « Mais lorsque vous détruisez l'un des inconvénients de cet usage gothique nommé la séparation de corps, pourquoi ne feriez-vous qu'une œuvre imparfaite? Pourquoi ne proscririez-vous pas aussi un autre inconvénient de cette même séparation plus absurde, plus tyrannique, plus con-

1. *Archives parlementaires*, 1ʳᵉ série, t. V, p. 316, art. 26.
2. *Archives parlementaires*, t. IV, p. 549, 1ʳᵉ col.
3. Ce détail historique n'a, à notre connaissance, jamais été relevé.

traire au bonheur, à la liberté de l'homme, plus funeste aux
mœurs et à la société?

» En effet, bizarre et immorale dans les procédés, la séparation de corps était en outre injuste et impolitique dans ses
effets : après avoir à demi séparé des époux, elle laissait les
deux parties, sans acception de l'innocent et du coupable,
dans une situation cruelle pour eux, dangereuse pour la
société. Souffrez ici un développement très rapide.

» Oui, Messieurs, je tiens que c'est un attentat à la liberté
de l'homme que de lui dire : je te défends de vivre avec la
femme que tu as épousée et je te défends d'en épouser une
autre. Un tel arrêt serait encore rigoureux pour un époux
très coupable; comment a-t-on pu le prononcer contre tant
d'époux irréprochables? Ah! pour admettre une telle loi, il
faudrait anéantir la déclaration des droits de l'homme, etc.

» Eh! quoi, Messieurs, partout où vous aurez trouvé des
fers vous les aurez brisés! Partout où vous aurez vu des
larmes vous les aurez taries! Les diverses victimes des anciens
abus sont libres et heureuses et les victimes de l'abus conjugal n'ont pas encore fixé vos regards! Quand la philosophie
vous les montre depuis si longtemps, quand la voix publique
appelle sur elle votre pitié, quand cinquante ouvrages, tous
les journaux, tous les cercles réclament pour elle votre
justice!... etc. »

Gossin, après avoir résumé brièvement les principaux
arguments que l'on avait, à cette époque, coutume d'invoquer
en faveur du divorce, terminait ainsi :

« Je vous en conjure donc, assurez à jamais la liberté
individuelle de l'homme en ajoutant à l'article que vous
discutez celui que je vais avoir l'honneur de vous soumettre.
Voyez que d'avantages en résulteront! Un grand point de
morale consacré, un grand préjugé détruit, tant de haines,
de scandales, de désordres, de crimes même épargnés à la
société; tant d'individus des deux sexes rendus à la liberté,
au bonheur et à la vertu ; tant d'enfants soustraits à une
mauvaise éducation, à la perte de leur patrimoine; les

mariages plus nombreux, plus féconds, les bonnes mœurs rétablies et, surtout, les droits de l'homme respectés dans un état auquel sont appelés tous les hommes.

» Voici ma proposition :

» L'Assemblée nationale décrète :

» Art. 1ᵉʳ. — Les époux séparés actuellement de corps en justice ou qui seront séparés à l'avenir, d'après les dispositions de l'article ci-dessus, seront libres de former de nouveaux liens[1]. »

Suivaient des dispositions de détail. Il ne fut pas délibéré sur cette motion, soit que l'Assemblée ne partageât point les sentiments de Gossin, soit plutôt qu'elle évitât d'éparpiller son activité sur des réformes accessoires, d'un intérêt secondaire. « Appliquée sans relâche, a écrit plus tard un de ses membres, à jeter les fondements impérissables de la Liberté, forcée de disputer pied à pied le terrain aux partisans d'un régime longtemps dominateur, elle avait trop peu de temps à donner aux détails secondaires[2]. » Et Faulcon, qui depuis longtemps préconisait le rétablissement du divorce et qui en resta l'inébranlable défenseur, ajoutait : « Pourquoi les penseurs profonds qu'elle contenait n'eurent-ils pas le loisir de voter la loi que je réclamais! Elle eût porté le cachet de la sagesse et du génie; ils n'auraient pas manqué, surtout, de prévoir et de prévenir les abus qui pouvaient en être la suite et qui ont ouvert une si vaste carrière aux adversaires du divorce. »

Mais, comme l'avait dit Gossin, de nombreuses voix réclamaient une loi sur cette matière. Parmi les adresses que recevait l'Assemblée nationale, on en retrouve une « de plusieurs citoyens de la section de Bondy qui supplient l'Assemblée de ne point se séparer avant d'avoir rendu un décret sur le divorce[3] ». (Séance du 16 août 1791.)

Ces réclamations ne furent pas écoutées et l'Assemblée Constituante fit place à la Législative sans avoir rétabli le

1. *Archives parlementaires*, 1ʳᵉ série, t. XVII, p. 617.
2. Félix Faulcon, *Précis historique de l'établissement du divorce*, Paris, 1800.
3. *Procès-verbal de l'Assemblée nationale*, 17 août 1791.

divorce. Elle l'avait cependant rendu possible en sécularisant le mariage. L'importance de cette innovation, que nous avons déjà indiquée dans notre introduction, apparaîtra clairement quand nous étudierons les travaux préparatoires de la loi du 20 septembre 1792.

Les comptes rendus officiels de l'Assemblée législative mentionnent un assez grand nombre de propositions relatives au rétablissement du divorce: le 10 décembre 1791, « un membre a fait une motion sur une demande en divorce; l'Assemblée a décrété de passer à l'ordre du jour[1]; » le 13 février 1792, « l'Assemblée renvoie au Comité de législation une pétition de plusieurs citoyens de Paris tendant à solliciter de l'Assemblée des lois provisoires sur le divorce et sur le sort des fils de famille[2]. »

Le 17 février naît un incident; Hennet a fait hommage à l'Assemblée de la troisième édition de son livre *du Divorce*. Un député propose qu'il en soit fait mention honorable au procès-verbal, plusieurs voix réclament l'ordre du jour et le colloque suivant s'engage :

« M. Roux. — La question du divorce n'est pas encore à l'ordre du jour, mais j'espère qu'elle y viendra. En attendant je demande la mention honorable de l'hommage fait à l'Assemblée.

» M. Ducos. — Sans doute, la question sera décidée par l'Assemblée, mais quelle que soit sa décision, elle doit toujours de la reconnaissance à ceux qui, par leurs ouvrages, préparent et facilitent ses travaux. Je demande donc qu'en tout état de cause la mention honorable soit décrétée.

» On réclame de nouveau l'ordre du jour.

» M. Dumolard. — Il est inconcevable qu'on demande l'ordre du jour sur une pareille proposition. Si nous étions dans un concile on pourrait ne pas s'en étonner; mais, grâce à Dieu, nous sommes dans l'Assemblée nationale. J'appuie donc la mention honorable.

1. *Procès-verbal de l'Assemblée législative*, 10 décembre 1891, p. 344.
2. *Procès-verbal de l'Assemblée législative*, 13 février 1792, p. 173.

» La mention honorable est décrétée. »

Le Dumolard qui venait de décider l'Assemblée était cet orateur abondant dont M.-J. Chénier a pu dire :

> ... Dumolard au fatras léthargique,
> Plein d'orgueil et de mots, Dumolard aujourd'hui
> Distille en longs discours la sottise et l'ennui.

Nous le retrouverons au Conseil des Cinq-Cents.

Les 18 et 19 mars 1792, l'Assemblée législative reçut l'hommage du livre de Demati *Sur le divorce et sur le célibat* et d'une lettre de Villiam-Villam, jurisconsulte anglais, qui présentait des vues sur le divorce[1]. Ces documents furent renvoyés au Comité de législation et, sans discussions, cette fois, l'Assemblée vota la mention honorable.

Le 1er avril 1792, « des citoyennes pétitionnaires sont admises à la barre; après avoir développé les motifs de leur pétition, elles demandent : 1°..., 2°..., 3°..., 4° que le divorce soit décrété.

» On demande le renvoi aux Comités de législation et d'instruction réunis. Ce renvoi est décrété et les citoyennes pétitionnaires sont admises aux honneurs de la séance[2]. »

Le *Journal des Débats*, qui rapporte également cet incident et nous apprend en outre que le porte-parole des pétitionnaires en jupons était la citoyenne Aelders[3], raconte dans un numéro de la même année qu' « un maire du département de l'Eure déjà séparé d'avec sa femme a cru pouvoir faire un pas de plus et vient de signer avec elle l'acte de divorce. Il ne s'en est pas tenu là et le voilà partageant sa couche avec une autre épouse... Un cousin à la mode de Bretagne voulut former opposition à ce nouveau mariage; les tribunaux non seulement levèrent l'opposition, mais encore condamnèrent à 3,000 livres d'amende le cousin à la mode de Bretagne pour lui apprendre à se mêler des affaires d'autrui. » On voit

---

1. *Procès-verbal de l'Assemblée législative*, 18 et 19 mars 1792, p. 227 et 264.
2. *Procès-verbal de l'Assemblée législative*, 1er avril 1792, p. 10.
3. *Journal des Débats*, XII, p. 23.

que l'idée du divorce avait fait du chemin puisque, sans en attendre la consécration, certaines personnes avaient cru pouvoir en user, ainsi du reste que l'a confirmé Guadet, le 30 août 1792, à la tribune de l'Assemblée législative.

Une loi devenait donc de plus en plus urgente; aussi voyons-nous que, dans sa séance du 20 août 1792, sur une « adresse du sieur Grémion, qui demande une loi sur le divorce, l'Assemblée renvoie cette motion au Comité de législation pour en faire le rapport sous trois jours, après lequel délai tout membre sera autorisé à présenter un projet de décret[1] ».

Aucun rapport ne fut cependant rédigé et c'est d'une manière presque inopinée que la question revint devant l'Assemblée dix jours plus tard, le 30 août 1792, et que le principe du divorce fut solennellement décrété.

1. *Procès-verbal de l'Assemblée législative,* 20 août 1792, p. 125.

DEUXIÈME PARTIE

La loi du 20 septembre 1792.

CHAPITRE PREMIER

LES TRAVAUX PRÉPARATOIRES DE LA LOI DU 20 SEPTEMBRE 1792.

Dans un discours au Conseil des Cinq-Cents, Favart, le 20 nivôse an V, a qualifié d'*acte in extremis* la loi votée le 20 septembre 1792 par l'Assemblée législative. Cette assertion a été maintes fois reproduite et l'on n'a pas hésité à dire que le principe du divorce avait triomphé sans discussion. Rien n'est plus inexact; si le décret qui consacre le principe du divorce a seulement été voté dans la séance du 20 septembre, il n'en avait pas moins fait l'objet de discussions fort longues dans les séances des 30 août, 6, 7, 13, 14, 18, 19 et 20 septembre 1792.

C'est en effet au cours de la séance du jeudi 30 août 1792 qu'Aubert-Dubayet prit la parole pour réclamer le divorce. Cette partie de la séance mérite d'être rapportée tout entière; la voici telle qu'elle est relatée au *Moniteur :*

« M. Aubert-Dubayet. — En faisant une loi pour constater l'état des citoyens, votre intention a été de régénérer les mœurs publiques. Par une de ses dispositions, vous considérez le mariage comme un contrat civil. Mais vous n'avez point encore parlé de la manière dont ce contrat pourra être rompu. Notre ancien Code permet la séparation, loi barbare ui laisse subsister le lien du mariage sans qu'on puisse remplir l'engagement principal sur lequel est fondé le contrat, loi qui voue une femme vertueuse au malheur ou qui lui commande l'adultère. Il est temps de le reconnaître, le contrat qui lie les époux est commun; ils doivent incontestablement jouir des mêmes droits et la femme ne doit point être l'esclave de l'homme. L'hymen n'admet point l'asservissement d'une seule des parties. Il semble que jusqu'à ce moment les femmes aient échappé à l'attention des législateurs; les verrons-nous plus longtemps victimes du despotisme des pères et de la perfidie des maris; les verrons-nous plus longtemps sacrifiées à la vanité ou à l'avarice? Non, Messieurs, nous voulons que toutes les unions reposent sur le bonheur et nous parviendrons à ce but en déclarant que le divorce est permis. (On applaudit à plusieurs reprises.) Je sais que des âmes timorées se récrieront encore contre cette loi; respectons leurs croyances; qu'elles restent dans les liens qu'elles croient indissolubles; pour nous, ne craignons pas de déplaire par cet acte de moralité à un Dieu qui nous créa tous pour le bonheur. Loin de rompre ainsi les nœuds de l'hymen, vous les resserrerez davantage: dès que le divorce sera permis, il sera très rare. A Rome, il fut quatre cents ans en vigueur avant qu'on en usât. On supporte plus facilement ses peines quand on est maître de les faire finir. Nous conserverons dans le mariage cette inquiétude heureuse qui rend les sentiments plus vifs. Une jeune épouse, maltraitée par celui qu'elle avait choisi, sûre que ses liens seront rompus aussitôt qu'elle aura déposé ses plaintes devant un juge, redoublera de patience et fournira à son époux l'occasion d'un retour; mais si à l'injustice il joint la fréquence des procédés odieux, par malheur trop communs, tout exige que de pareils liens soient rompus.

» Si j'osais, à cet égard, me citer pour appuyer l'opinion que je développe? Uni à une épouse de vingt ans dont je tiens toute ma fortune, ne serait-il pas juste qu'elle jouît du bénéfice de votre loi si j'avais le malheur de devenir un jour indigne d'elle? Il est temps que les maris se courbent sous la justice universelle: en décrétant le divorce, vous acquerrez un titre précieux à la reconnaissance de la postérité. (On applaudit à plusieurs reprises.)

» Une foule de membres appuient la proposition de M. Dubayet.

» M. Ducastel. — Je suis membre de la section systématique du Comité de législation qui devait vous faire un rapport sur le divorce. Nous sommes d'avis du principe, mais je pense qu'il faut distinguer les mariages faits et ceux à faire. (Il s'élève de violents murmures.)

» M. Murraire. — Si le Comité de législation n'a point annexé à la loi qu'il vous propose une disposition sur le divorce, c'est que son objet n'étant que de constater l'état civil, cette partie ne s'y réunit pas. Nous pouvons cependant, en ce moment, déclarer un principe que réclament la morale, la politique et la Déclaration des droits, et charger le Comité de proposer le mode d'exécution.

» M. Guadet. — Je m'oppose à ce qu'on décrète le principe, attendu qu'il l'est déjà. Des tribunaux l'ont prononcé, et moi-même, comme arbitre, dans un tribunal de famille.

» M. Reboul. — Il est indispensable de consacrer le principe, attendu qu'il n'est formellement exprimé nulle part.

» L'Assemblée déclare que le mariage est un contrat dissoluble par le divorce. (La salle retentit d'applaudissements.)

» M. Guadet. — Voici les bases du mode d'exécution sur lesquelles le Comité de législation doit être chargé de nous faire un rapport incessamment: 1° régler le sort des enfants; 2° régler le mode par lequel l'officier civil pourra s'assurer qu'un premier mariage a été rompu avant que d'en laisser contracter un second.

» Ces propositions sont adoptées. »

Comme on le voit, cette discussion offre un intérêt capital pour l'histoire de notre droit; c'est l'acte de naissance du divorce dans la législation française.

Si l'on en croit le récit que nous venons de transcrire, les personnes qui assistaient à la séance, ainsi que les membres de l'Assemblée, témoignèrent à maintes reprises leur enthousiasme. Il est à remarquer aussi qu'aucune voix n'osa s'élever au sein de l'Assemblée pour défendre le principe de l'indissolubilité du mariage.

L'Assemblée législative avait chargé son Comité de législation d'élaborer un projet de décret. Le Comité s'acquitta de sa mission et désigna Léonard Robin pour rédiger un rapport; mais, comme les jours s'écoulaient sans que la question fût remise sur le tapis, Aubert-Dubayet, dans la séance du jeudi 6 septembre, rappela au Comité de législation le décret du 30 août et manifesta son impatience de voir l'Assemblée examiner bientôt un projet de loi sur le divorce. Aussi, le lendemain 7 septembre, Léonard Robin fit-il lecture à l'Assemblée du rapport dont il était l'auteur. Le voici tel qu'il parut au *Moniteur*, dans le numéro du 8 septembre 1792 :

RAPPORT DE LÉONARD ROBIN

Votre amour pour la liberté vous faisait désirer depuis longtemps de l'établir au milieu même des familles, et vous avez décrété que le divorce avait lieu en France. La Déclaration des droits et l'article de la Constitution qui veut que le mariage ne soit regardé par la loi que comme un contrat civil, vous ont paru avoir consacré le principe et votre décret n'en est que la déclaration. Mais quels doivent être les causes, le mode et les effets du divorce? C'est ce que ne disent ni la Déclaration des droits, ni la Constitution; et, en conséquence, vous avez chargé votre Comité de législation de vous présenter un projet de décret sur cette importante matière. Votre Comité l'a médité autant qu'il était possible ; il l'a profondément discuté et je viens vous soumettre le résultat de ses travaux. Le temps a à peine suffi, depuis votre décret, pour les achever et vous voudrez m'excuser si, au lieu d'un véritable rapport tel que semblait l'exiger l'importance du sujet, je me borne à une exposition sommaire des vœux et des motifs de la loi que je suis chargé de vous proposer.

Le Comité a cru devoir conserver ou accorder la plus grande latitude à la faculté du divorce à cause de la nature du contrat de mariage qui a pour base principale le consentement des époux et parce que la liberté individuelle ne peut jamais être aliénée d'une manière indissoluble par aucune convention.

Ainsi : divorce par le simple consentement mutuel des époux ; divorce par la volonté d'un des époux seulement sur la simple allégation d'incompatibilité d'humeur ou de caractère ; divorce sur la demande d'un des conjoints pour différentes causes déterminées qui seront expliquées dans ledit décret ; divorce pour séparation de corps déjà jugée et exécutée entre époux ; divorce pour séparation de fait existant depuis longtemps entre les conjoints. Mais le Comité a cru devoir employer ses soins à prévenir et empêcher les abus de la faculté du divorce livré à une si grande latitude.

Il a considéré que le mariage n'était point un contrat de pur droit naturel qui peut être abandonné au caprice des conjoints ; il a vu que c'était aussi une institution politique consacrée par la loi, que sa conservation n'intéressait pas seulement les époux, mais encore et les enfants qui en sont nés ou en doivent naître, et la société entière pour laquelle le mariage, sa sainteté et sa durée sont les garants les plus assurés des bonnes mœurs. Dans la vue donc de soustraire autant qu'il est possible une aussi importante institution sociale aux bizarreries, à l'instabilité des humeurs, du caractère et des affections des conjoints, le Comité a environné le divorce, dans le cas où ses inconvénients sont le plus à craindre, de délais et d'épreuves propres à les écarter et à assurer la société de l'indispensable nécessité du divorce pour la liberté et le bonheur des époux.

A l'égard des chefs du divorce, le Comité, les considérant par rapport aux époux, y a trouvé de nouveaux moyens d'en prévenir les abus ; d'un côté, en ne permettant pas ce que l'honnêteté publique semble défendre ; savoir : que les époux divorcés puissent contracter un nouveau mariage ensemble ni même qu'ils puissent convoler avec d'autres à de secondes noces immédiatement après le divorce ; d'un autre côté, en privant de tous les avantages pécuniaires du premier mariage celui qui en a demandé la dissolution sans cause déterminée, ou celui qui a occasionné cette dissolution par des faits qui peuvent lui être reprochés. A l'égard des enfants, ces êtres innocents des fautes de leurs pères, ces êtres qui ne peuvent souffrir qu'injustement des divisions ou de l'instabilité des affections des auteurs de leurs jours, le Comité s'est spécialement attaché à pourvoir, par les plus sages mesures, à leurs intérêts personnels ou pécuniaires.

Le divorce a-t-il lieu par le consentement mutuel des époux, le législateur peut suivre, pour l'éducation et l'entretien des enfants, ce qu'indique la nature et ce que désire la différence des sexes dans l'éducation des garçons et des filles : il peut confier à la mère tous les enfants, quel que soit leur sexe, âgés de moins de sept ans ; passé cet âge, les garçons doivent être remis au père. Si le divorce a lieu sur la demande d'un des époux *sans cause déterminée*, aucun des enfants ne doit être laissé à sa charge et à sa confiance ; il est trop suspect, dans un pareil divorce, de légèreté ou de torts graves. Mais si c'est pour cause déterminée et juste qu'il a demandé le divorce, en ce cas tous les torts sont à son conjoint et les enfants doivent être confiés à celui qui s'est vu forcé de faire dissoudre un lien déshonorant ou justement insupportable.

Les frais de l'éducation et de l'entretien des enfants ne doivent pas moins, dans tous les cas, être à la charge des époux divorcés chacun en proportion de ses facultés. Dans tous les cas aussi, chacun d'eux doit conserver la surveillance sur l'éducation des enfants confiés à l'autre; et l'intérêt de ces enfants, si chers à la société, exige que la même surveillance soit également accordée aux familles des époux divorcés. Enfin, à l'égard des droits et intérêts pécuniaires des enfants, ceux qui résultent du mariage dont ils sont nés, soit par la loi, soit par les conventions matrimoniales, doivent leur être conservés dans tous les cas de divorce; ils ne doivent pas perdre par le divorce, mais aussi ils ne doivent pas gagner sur leurs père et mère divorcés. Ainsi l'ouverture de ces avantages ne doit toujours avoir lieu à leur profit qu'aux termes des lois ou des conventions qui les ont établis.

Telles sont les vues générales, tels sont les principaux motifs du projet de décret que je suis chargé de vous soumettre. La rédaction divisée en quatre sections : l'une sur les causes du divorce; l'autre sur le mode; la troisième, sur ses effets par rapport aux époux; la quatrième, sur ses effets par rapport aux enfants, vous présentera, je pense, méthodiquement tous les développements que vous pouvez désirer[1].

Léonard Robin déposa le projet de décret élaboré par le Comité, l'Assemblée en ordonna l'impression, et ce projet vint en discussion dans la séance du 18. Immédiatement Sédillez monta à la tribune pour développer un autre projet dont il était l'auteur. Il pouvait y avoir, d'après Sédillez, deux sortes de divorces : d'abord le divorce proprement dit, résultant du consentement mutuel des époux à se séparer; Sédillez en voyait la raison d'être dans l'assimilation du mariage aux autres contrats consensuels, il estimait qu'après un tel divorce on ne devait point permettre aux époux de se réunir. Ensuite, et à côté du divorce, la répudiation pour des causes déterminées; Sédillez proposait d'en soumettre les causes à un jury spécial désigné par les époux et par le procureur de la commune du lieu, et il donnait en faveur de ce système une raison qui mérite d'être notée : « Le seul moyen de nous procurer une justice exacte, disait-il, c'est de nous former une conscience judiciaire, seule règle de tous les jugements; c'est ce que

1. *Moniteur*, 1792, n° 252.

l'établissement du jury a opéré au criminel. Nous ne pouvons trop étendre cette précieuse institution, et ce ne sera que par des lois infiniment simples que nous parviendrons à l'établir au civil. » Et par une bizarrerie qui, adoptée, eût sans doute rendu les divorces assez rares, il hasardait que ce jury de répudiation pourrait être composé exclusivement de « femmes si c'est le mari qui provoque, et d'hommes si c'est la femme qui veut répudier ».

Sédillez avait vu le point faible du projet du Comité : la cause d'incompatibilité; il en montra les dangers, et c'est là-dessus que porta la discussion la plus vive. Voici en quels termes Ducastel s'efforça de rassurer l'Assemblée sur les abus redoutés de ce mode de divorce, en même temps qu'il en justifia la nécessité :

« M. DUCASTEL. — Le seul point de contradiction qui existe entre le projet du Comité et celui de M. Sédillez, c'est que le Comité propose de permettre le divorce sur la demande d'une seule des parties pour cause d'incompatibilité. Un caprice suffira, dit-on, pour que le divorce soit prononcé. Nous avons remédié autant que possible à cet inconvénient en privant de quelques avantages la partie qui demandera le divorce et en la condamnant aux dommages. Mais il est impossible de ne pas le permettre; parce qu'une femme peut avoir à se plaindre d'injures graves dont elle rougirait peut-être d'alléguer les preuves, vous ne devez pas la réduire à dévorer ses larmes. La loi doit en ce cas lui accorder faveur et c'est ce qui a déterminé l'avis de votre Comité. »

La priorité ayant été accordée au projet du Comité, l'Assemblée en adopta les deux premiers articles : le divorce s'opérerait par consentement mutuel; il aurait également lieu sur la demande d'une des parties, soit sur la simple allégation d'incompatibilité d'humeur, soit sur des motifs déterminés. Ce vote fut accueilli par de vifs applaudissements.

La cause d'incompatibilité d'humeur, véritable pierre d'achoppement de la loi du 20 septembre 1792, a été jusqu'à la promulgation du Code civil l'objet d'attaques extrêmement violentes dont nous aurons à parler; on lui imputait tous les abus auxquels donna lieu le rétablissement du divorce. Notons pour le moment que cette décision n'avait pas été prise à la légère, qu'elle avait été inspirée par les mêmes raisons qui feront inscrire la cause du consentement mutuel dans la loi de 1803 et que le Comité de législation avait cru trouver dans les obstacles d'une longue procédure un sûr moyen d'en prévenir l'abus.

Dans la séance du 14, l'Assemblée législative vota, sur la proposition de Léonard Robin, un grand nombre des articles qui faisaient partie des projets du Comité; une addition notable y fut faite sur la demande de Mailhe. L'incivisme et l'émigration qui ne figuraient pas au nombre des causes de divorce y furent ajoutés, malgré les efforts de Ducastel. Ce député objecta en vain que c'était donner aux émigrés un moyen facile de soustraire leurs biens à la confiscation. L'expérience ne tarda pas à justifier ces craintes.

La discussion et le vote des articles continuèrent dans les séances du 18 et du 19. Le 20 septembre au matin, l'Assemblée termina son décret, « sauf quelques difficultés de rédaction. » Il parut au procès-verbal du 20 septembre (pages 245 et 246) et dans le *Moniteur* (n° 284).

Le divorce venait d'être établi en France, officiellement, législativement. On a pu le voir, la loi du 20 septembre 1792 n'est pas le produit d'une génération spontanée, une manifestation irraisonnée de l'esprit révolutionnaire; elle a une genèse fort longue dans la littérature, dans l'opinion, et, depuis la convocation des États-Généraux jusqu'au 30 août 1792, les Assemblées délibérantes ont été maintes fois sollicitées de rétablir le divorce.

Mais ce décret enfin voté, qu'était-il? On n'a pas pu en juger par le rapport de Léonard Robin; nous allons en donner une analyse. Nous laisserons dans l'ombre tous les détails accessoires qui n'offrent plus qu'un intérêt rétrospectif, pour mettre en lumière seulement les grandes lignes et le mode de fonctionnement de cette loi, comparée à celles de 1803 et de 1884.

Décret du 20 septembre 1792. — Un détail curieux de ce décret du 20 septembre 1792, c'est que, selon les termes mêmes de son préambule, il ne proclame pas le principe du divorce, mais en règle seulement les causes, le mode et les effets :

« L'Assemblée nationale, considérant combien il importe de faire jouir les Français de la faculté du divorce qui résulte de la liberté individuelle dont un engagement indissoluble serait la perte; *considérant que déjà plusieurs époux n'ont pas attendu, pour jouir des avantages de la disposition constitutionnelle suivant laquelle le mariage n'est qu'un contrat civil, que la loi eût réglé le mode et les effets du divorce, décrète qu'il y a urgence.*

» L'Assemblée nationale, après avoir décrété l'urgence, décrète *sur les causes, le mode et les effets du divorce, ce qui suit, etc...* [1] »

On le voit, le décret du 20 septembre consacrait un principe préexistant plutôt qu'il ne créait une institution nouvelle. Et ce n'est point une question de mots ; par une telle déclaration l'Assemblée législative augmentait le prestige du divorce qu'elle semblait considérer comme inhérent à la Constitution.

Causes de divorce. — Le décret en reconnaissait trois catégories :

a) D'abord le consentement mutuel des époux (§ Ier, art. 1er, al. 2). Le mariage ayant été ramené, peut-être à tort, au rang d'un simple contrat consensuel, il en partagea les lois et fut soumis à la règle : *quod ligatur dissolubile est;*

b) Puis le divorce pouvait être prononcé pour divers motifs déterminés : 1° La démence, la folie ou la fureur d'un des époux; 2° la condamnation de l'un d'eux à des peines afflictives ou infamantes; 3° les crimes, sévices ou injures graves de l'un envers l'autre; 4° le dérèglement de mœurs

1. Décret du 20 septembre 1792. Préambule.

notoire ; 5° l'abandon de la femme par le mari ou du mari par la femme, pendant deux ans au moins ; 6° l'absence de l'un d'eux sans nouvelles au moins pendant cinq ans ; 7° l'émigration dans les cas prévus par les lois et notamment par le décret du 8 avril 1792, § Ier, art. 1er, al. 4. C'est le seul mode de divorce qui, réduit à un petit nombre de causes très compréhensives, a passé dans notre législation actuelle.

c) Venait enfin le mode de divorce que L. Robin nommait indéterminé, que le décret désignait sous le nom de *cause d'incompatibilité d'humeur* et qui exigeait pour seule condition la volonté persistante d'un des époux (§ Ier, art. 1er, al. 3). On verra plus loin quels abus a engendrés ce mode de divorcer ; mais l'Assemblée législative, si elle s'est trompée, ne l'a fait ni par légèreté ni par précipitation. Elle attribuait à la cause d'incompatibilité une grande importance, suivant en cela l'opinion générale ; elle croyait nécessaire de ne pas forcer des époux dont les griefs étaient d'un ordre inavouable ou d'une extrême gravité « à dévorer leurs larmes ». Ces raisons sont dignes de considération, et le législateur de 1803 en a tenu compte lorsqu'il a laissé subsister dans un but analogue le divorce par consentement mutuel.

En instituant ces trois modes de divorce, le législateur de 1792 avait suivi à la fois plusieurs principes différents dont l'application simultanée constituait un danger réel. Le mode de consentement mutuel avait pour fondement une assimilation irréfléchie du mariage aux autres contrats civils ; le mariage, contrat naturel et d'un ordre bien à part, était mis sur le même rang que les contrats consensuels ordinaires, sans égard ni pour la société, intéressée à une union durable des époux, ni pour les enfants qui peuvent bien, eux aussi, être considérés comme des tiers à qui préjudicie la séparation des contractants. Avec le divorce pour causes déterminées, un nouveau principe entrait en jeu ; la prononciation du divorce était ici considérée tantôt comme une pénalité infligée à l'époux coupable, tantôt comme l'effet d'une condition résolutoire apposée au contrat. C'est ainsi que la folie ou l'absence d'un des conjoints parut être une cause suffisante de divorce, la cohabitation des époux, fin principale du mariage, devenant impossible. Enfin le mode d'incompatibilité d'humeur reposait lui-même sur deux bases distinctes: d'une part, ainsi que nous l'avons expliqué, il semblait utile de ne pas contraindre certains époux à des révélations scandaleuses, la cause de divorce étant dans ce cas plutôt voilée que supprimée; d'autre part, on croyait devoir sauvegarder le principe de la liberté individuelle, alors même qu'aucun motif de séparation n'existât.

Dissoudre par le dissentiment mutuel un contrat formé par le consentement, punir un époux coupable et rendre la liberté à son conjoint innocent, écarter tous les obstacles s'opposant à la cohabitation des époux, fin du mariage, permettre à un époux de quitter spontanément son conjoint, soit qu'il eût pour cela des motifs secrets, soit qu'il entendît simplement recouvrer une liberté inaliénable, tels étaient les principes variés dont s'était inspiré le législateur de 1792.

Il semble que, le mode d'incompatibilité étant admis, les autres devenaient inutiles, et qu'ils eussent pu sans inconvénient être supprimés. Si la loi de 1792 les maintint, c'est, croyons-nous, pour établir dans l'obtention du divorce une sorte de gradation : la cause de divorce était-elle déterminée, on devait au conjoint plaignant une satisfaction immédiate, le divorce était promptement accordé. Les époux se séparaient-ils par consentement mutuel, le motif qui les poussait à divorcer étant inconnu, on devait en suspecter le bien-fondé, craindre quelque raison futile, créer une procédure destinée à faire revenir les époux sur une détermination peut-être inconsidérée. Un époux demandait-il seul le divorce et sans alléguer de motif, une véritable présomption de légèreté s'élevait contre lui; la procédure devenait compliquée, les tentatives de conciliation multiples.

Telles sont, semble-t-il, les raisons qui ont conduit le législateur de 1792 à établir le divorce par consentement mutuel et pour causes déterminées à côté du divorce pour incompatibilité d'humeur.

Le législateur de 1803 supprima le mode d'incompatibilité qui, en fait, avait engendré une licence désastreuse, et dont la légitimité était contestable : il conserva seulement le divorce par consentement mutuel et pour causes déterminées.

Le divorce par consentement mutuel même fut complètement transformé; sous l'empire de la loi de 1792, ce mode de dissolution du mariage était vraiment ce qu'indiquait son nom : la simple ratification de la volonté des époux. Le législateur de 1803 l'entoura d'obstacles, de formalités et de déchéances précuniaires telles, que le consentement des époux ne forma plus qu'un des éléments de la procédure. Sous une même étiquette, le but de la loi avait changé; on n'entendait plus consacrer un principe : l'assimilation du mariage aux autres contrats consensuels, on voulait seulement que des époux entre lesquels existait une cause inavouable de divorce pussent se séparer sans divulguer les motifs de leur mésintelligence. A ce point de vue, le divorce par consentement mutuel organisé par le Code civil tenait bien plutôt du mode d'incompatibilité d'humeur créé par la loi de 1792 et disparu avec elle, que de l'ancien mode de divorce par consentement mutuel.

Quant aux causes déterminées de divorce, le législateur de 1803 les réduisit de sept à trois : l'adultère[1] (anciens articles 229 et 239), les excès, sévices ou injures graves (art. 231), et la condamnation d'un des époux à une peine infamante (ancien art. 232).

La loi de 1884 a fait un pas de plus dans la voie ouverte par le Code civil : elle a supprimé le mode de consentement mutuel et n'a laissé subsister que les trois causes déterminées de divorce énumérées ci-dessus.

---

1. L'adultère du mari n'était toutefois une cause de divorce que s'il y avait eu entretien de concubine dans la maison commune (ancien article 230); la loi de 1884 a modifié cette disposition en faisant une situation égale aux deux époux (nouvel article 230).

Procédure du divorce[1]. — En réalité la loi du 20 septembre 1792 consacrait la faculté illimitée de divorcer; aucun individu ne se trouvait plus lié d'une manière indissoluble; quels que fussent ses propres torts et la vertu de son conjoint, il lui était toujours possible d'obtenir le divorce; les moyens seuls différaient.

Les époux étaient-ils d'accord pour divorcer (consentement mutuel), il leur suffisait de provoquer une assemblée de famille qui se réunissait un mois au plus tôt après sa convocation (§ II, art. 2); si l'assemblée était impuissante à réconcilier les époux, il était dressé un acte de non-conciliation (§ II, art. 4); un mois après, les époux pouvaient requérir l'officier de l'état civil d'enregistrer leur divorce (§ II, art. 5). Cette dernière formalité devait être remplie au plus tard dans les six mois de l'acte de non-conciliation (§ II, art. 6); si l'un des époux était mineur ou s'il y avait des enfants du mariage, les délais minima étaient doublés (§ II, art. 7).

Un des époux voulait-il user du mode d'incompatibilité, il faisait citer son conjoint devant une assemblée de famille qui se réunissait un mois après sa convocation (§ II, art. 8); en cas de non-conciliation, les époux se représentaient au bout de deux mois devant l'assemblée (§ II, art. 10); cette seconde tentative demeurait-elle infructueuse, les époux devaient se représenter une troisième fois devant l'assemblée, trois mois après (§ II, art. 11); si un acte de non-conciliation était encore dressé, l'époux demandeur pouvait, après un délai minimum de huit jours, faire prononcer le divorce (§ II, art. 12 et 14). Il fallait donc au total huit mois et huit jours au moins pour divorcer ainsi; mais le procédé était infaillible.

Le troisième mode de divorce enfin, qui dans la pratique devait sans doute se restreindre aux cas très simples (folie, émigration, etc.), consistait à faire la preuve des faits allégués,

---

1. Nous n'entrerons pas ici dans tous les détails de la procédure créée par la loi du 20 septembre 1792; nous en signalerons seulement les principales dispositions.

devant un tribunal arbitral (§ II, art. 18). Le tribunal renvoyait le demandeur devant l'officier de l'état civil, et celui-ci prononçait le divorce (§ II, art. 19). Le jugement arbitral était susceptible d'appel, mais cet appel devait être jugé sommairement et dans le mois (§ II, art. 20)[1].

La procédure instituée par la loi de 1792 se ressentait du mouvement d'opinion, peut-être utopiste, qui tendait à cette époque à distraire des juridictions de droit commun tous les procès de famille.

Au cas de consentement mutuel ou d'incompatibilité d'humeur, les formalités diverses en vue d'obtenir le divorce se déroulaient devant des assemblées de parents ou d'amis; au cas de divorce pour causes déterminées, la demande était admise ou rejetée par des arbitres de famille.

La loi de 1803 rendit aux tribunaux de droit commun la connaissance des causes de divorce; la loi de 1884 n'a rien innové sur ce point.

Cette profonde différence, entre la procédure établie par la loi de 1792 et celles édictées par les lois des 31 mars 1803, 27 juillet 1884 et 18 avril 1886, nous dispense de les comparer, car on ne peut vraiment établir de parallèle qu'entre des institutions offrant quelque ressemblance.

Il nous suffira de rappeler, en ce qui concerne le divorce par consentement mutuel, que le législateur de 1803 entoura ce mode de dissolution du mariage de formalités extrêmement compliquées, qu'il soumit les époux à des déchéances pécuniaires très onéreuses et qu'il exigea des conditions étroites d'âge et de consentement, en dehors desquelles cette sorte de divorce ne pouvait être obtenu.

---

1. Le 20 septembre 1792, l'Assemblée législative vota un décret concernant les actes de l'état civil. Aux termes de ce décret, les époux qui voulaient divorcer devaient se présenter devant l'officier de l'état civil, accompagnés de quatre témoins majeurs, et justifier qu'ils avaient régulièrement observé toutes les formalités prescrites par la loi.

Le divorce était alors prononcé par l'officier de l'état civil. Le Code civil laissa également à ce magistrat le soin de prononcer les divorces. La loi de 1884 consacra cette pratique. Depuis la loi du 18 avril 1886 (art. 1er, nouvel art. 252), ce sont les tribunaux qui prononcent les divorces.

Effets du divorce par rapport aux époux. — La loi du
20 septembre 1792 impartissait aux conjoints divorcés des
délais de viduité mal calculés : au cas de divorce par consentement mutuel ou pour simple cause d'incompatibilité d'humeur, les époux divorcés ne pouvaient contracter avec d'autres
un nouveau mariage qu'un an après le divorce (§ III, art. 2).
Le délai était donc égal pour les deux époux ; il n'avait pas
seulement pour but de prévenir une confusion de part chez
la femme, mais de détourner les époux du divorce en leur
interdisant l'espoir de convoler immédiatement à de secondes
noces. A notre avis, le délai d'un an, considéré à ce dernier
point de vue, était trop court et devait manquer son effet.

Le Code civil, en maintenant le divorce par consentement
mutuel, porta le délai de viduité à trois ans pour les deux
époux (ancien art. 297).

Au cas de divorce pour cause déterminée, le mari pouvait
contracter immédiatement un nouveau mariage ; quant à la
femme, elle ne pouvait se remarier avec un autre que son
premier mari, qu'un an après le divorce, sauf si le divorce
était fondé sur l'absence du mari depuis cinq ans sans nouvelles (§ III, art. 3).

Le délai d'un an, trop court lorsqu'il avait pour but de
dissuader les époux de divorcer, était trop long ici, ou il ne
tendait qu'à prévenir une confusion de part. Aussi a-t-il été
réduit, par les lois des 31 mars 1803 et 27 juillet 1884, à dix
mois, durée admise par le Code comme étant celle des plus
longues gestations (ancien art. 296 et nouvel art. 296).

Une autre question s'était posée à l'Assemblée législative :
devrait-on autoriser les époux divorcés à se remarier ensemble ? La loi du 20 septembre avait répondu affirmative-
ment (§ III, art. 2).

La loi de 1803 crut prévenir un grand nombre de divorces
en revenant complètement sur cette disposition et elle décida
que les époux qui divorceraient, pour quelque cause que ce
fût, ne pourraient plus se réunir (ancien art. 295). La loi de
1884 a adopté une solution plus libérale en permettant aux

époux divorcés de se réunir, sauf si l'un d'eux a « postérieurement au divorce contracté un nouveau mariage, suivi d'un second divorce » (nouvel art. 295). Ajoutons que dans la loi de 1792 nulle prohibition n'était faite à l'époux coupable, au cas de divorce pour cause d'adultère, d'épouser son complice; cette prohibition est apparue dans notre législation avec la loi de 1803 (ancien art. 298); elle a été consacrée par la loi de 1884 (nouvel art. 298).

Au point de vue des biens, la situation des époux divorcés était réglée, en principe, comme si l'un d'eux était décédé (§ III, art. 4). Toutefois certaines causes déterminées de divorce entraînaient contre l'époux coupable des déchéances pécuniaires (§ III, art. 5 et 7). Les avantages consentis par un époux à son conjoint dans leur contrat de mariage étaient considérés comme non avenus et sans effet (§ III, art. 6). Les dispositions relatives aux biens ont été rédigées par les législateurs de 1803 et de 1884 dans le même esprit, mais avec beaucoup plus de soin et de précision.

La loi de 1792 décidait enfin que, dans tous les cas de divorce, les arbitres de famille pourraient allouer à l'époux indigent une pension alimentaire sur les biens de son conjoint (§ III, art. 8). Cette disposition très générale fut restreinte en 1803 au cas où l'époux indigent avait obtenu le divorce à son profit (ancien art. 301); elle a été reproduite par le nouvel article 301 dans la loi de 1884.

Effets du divorce par rapport aux enfants. — Si le divorce avait lieu par consentement naturel ou pour incompatibilité d'humeur, les filles de tout âge et les garçons de moins de sept ans étaient confiés à la mère; les garçons âgés de plus de sept ans au père; mais les époux pouvaient faire à ce sujet tel autre arrangement qui leur plaisait (§ IV, art. 1er).

Si le divorce était prononcé pour causes déterminées, une assemblée de famille décidait auquel des époux la garde des époux était confiée (§ IV, art. 2).

Au cas de convol d'un des époux divorcés, les enfants confiés à sa garde pouvaient lui être laissés, ou remis à son ex-conjoint, ou à une tierce personne; l'assemblée de famille avait à ce sujet pleins pouvoirs (§ IV, art. 4).

Dans tous les cas, le père et la mère devaient contribuer, selon leurs facultés, aux frais d'entretien et d'éducation des enfants (§ IV, art. 5).

Ajoutons enfin que les droits résultant pour les enfants des lois successorales ou des conventions matrimoniales restaient ouverts à leur profit (§ IV, art. 6 et 7).

La loi de 1792 avait donc fait relativement à la garde des enfants une distinction : si le divorce était prononcé dans des conditions telles qu'il n'en rejaillît de déshonneur sur aucun des parents, l'attribution des enfants était uniformément réglée de la façon que nous avons dite; si le divorce prononcé pour une cause déterminée flétrissait un des époux, l'assemblée avait un pouvoir souverain pour laisser à l'époux coupable la garde des enfants ou pour l'en priver.

Les lois de 1803 et 1884 (ancien et nouvel article 302) ont attribué en principe la garde des enfants à celui des époux qui a obtenu le divorce, mais la portée de cette règle est à peu près nulle puisque le tribunal possède à cet égard un pouvoir souverain d'appréciation, comme sous l'empire de la loi de 1792 l'assemblée de famille. La liberté du tribunal est même plus absolue que celle des assemblées de famille, puisque celles-ci, hors le cas de convol d'un des époux divorcés, ne pouvait pas confier la garde des enfants à un tiers.

Suppression de la séparation de corps. — Une des dispositions les plus graves de la loi de 1792 était la suppression de la séparation de corps; ainsi que nous l'avons vu, les hommes de la Révolution attribuaient à cette institution toutes sortes de maux; ils pensaient d'ailleurs que, le principe de la sécularisation du mariage étant admis, le divorce ne brisait qu'un lien civil indépendant du lien religieux, et que, par conséquent, les catholiques pouvaient en user pour se séparer, sauf à n'en point user pour se remarier, s'ils croyaient contrevenir ainsi aux lois de leur religion.

Ces idées n'ont point été partagées par les législateurs de 1803 et de 1884 qui, pour faire droit aux réclamations des catholiques, ont laissé subsister la séparation de corps à côté du divorce.

Après avoir donné un commentaire succinct de la loi du 20 septembre 1792, nous allons en montrer une application, en reproduisant les pièces d'un divorce prononcé à Saint-Gervais, conformément à cette loi, entre le nommé Serviès et la dame Treillard pour cause d'absence. (Au cas d'absence il suffisait, en vertu d'une disposition spéciale de la loi, de produire à l'officier de l'état civil un acte de notoriété constatant que le conjoint absent n'avait pas donné de ses nouvelles depuis cinq ans.) (§ III, art. 17.) Ces documents sont empruntés à un article de M. d'Auteville paru en 1883 dans la *Revue de la Révolution* sous le titre de : « *Le divorce pendant la Révolution ;* » ils proviennent des archives de M. Gustave Bord.

<table>
<tr><td>DÉPARTEMENT
DE

L'HÉRAULT</td><td>LIBERTÉ — ÉGALITÉ

EXTRAIT des registres des délibérations de l'Administration municipale du canton de Saint-Gervais.</td></tr>
</table>

Du 7 vendémiaire, l'an VIII
de la République française, une et indivisible.

L'an VIII de la République française. . . . . est comparu le citoyen Emmanuel Serviès, général de brigade réformé, domicilié sur la présente commune, qui a dit vouloir constater par un acte de notoriété publique qu'il est séparé de fait, depuis plusieurs années, de la citoyenne Treillard, son épouse, il a administré pour témoins *(suivent les noms des témoins au nombre de six)...* lesquels ont attesté que le d. Serviès est séparé depuis plusieurs années de la d. Treillard, son épouse, de laquelle attestation le présent demeurera chargé et ont les d. Serviès et témoins administrés par luy signé avec nous *(suivent les signatures)*[1].

1. Archives de M. Gustave Bord.

DÉPARTEMENT
DE
L'HÉRAULT

CANTON
DE
SAINT-GERVAIS

LIBERTÉ — JUSTICE — ÉGALITÉ

EXTRAIT des registres des Actes de divorce de l'Administration municipale du canton de Saint-Gervais, département de l'Hérault.

L'an VIII de la République française une et indivisible et le 17 nivôse, devant moy, Laurent Granier, agent municipal de la commune de Saint-Gervais, département de l'Hérault, chargé par la loy de recevoir les actes de naissances, divorces et décès dans la maison commune.

Est comparu le citoyen Emmanuel-Gervais Serviès, général de brigade réformé, domicilié sur la présente commune depuis environ sept mois, assisté des citoyens Barthélemy Moulinier, commissaire du Gouvernement près l'Administration de ce canton ; Joseph Martin, propriétaire foncier ; Pierre Farret, ci-devant receveur du droit d'enregistrement et Joachim Crassous, boucher, tous domiciliés sur la présente commune et majeurs, qui m'a exhibé l'extrait de l'acte de notoriété qui lui a été délivré par l'Administration municipale du présent canton, en date du 7 vendémiaire dernier, dûment enregistré au bureau de Bédarrieux. Le d. acte portant attestation de six témoins domiciliés sur la présente commune que le d. Serviès, conjoint par mariage à la citoyenne Treillard, s'en est séparé pendant plusieurs années et m'a requis de prononcer la dissolution de son contrat de mariage avec la d. Treillard et a signé Serviès.

Vu par moy, agent municipal, l'extrait de l'acte de notoriété remis par le d. Serviès par moy paraphé, ay en présence des d. témoins et du d. Serviès déclaré à haute et intelligible voix que le contrat de mariage du d. Serviès avec la d. Treillard est dissous et ont les d. Serviès et témoins signé avec moy, Serviès, Martin, Farret, Moulinier, Crassous, Granier, ayant signé à la minute [2].

Pour copie conforme,
ALBERGNE, S^{re}.

La loi du 20 septembre 1792, après avoir soulevé un grand enthousiasme, ne tarda pas à devenir l'objet d'attaques acharnées, mais les abus mêmes qu'elle entraîna ne purent en provoquer le rapport, tellement on considérait le rétablissement du divorce comme une des conquêtes de la Révolution française.

1. Archives de M. Gustave Bord.

CHAPITRE DEUXIÈME

———

L'APPLICATION DE LA LOI DU 20 SEPTEMBRE 1792
(1792-1803).
ÉTUDE DES MODIFICATIONS QUI FURENT APPORTÉES
A CETTE LOI

Le jour où l'Assemblée législative avait consacré le principe du divorce, d'unanimes applaudissements avaient éclaté dans la salle du Manège. On peut affirmer que la loi du 20 septembre 1792 fut accueillie dans le public avec le même enthousiasme. L'indissolubilité du mariage semblait liée au sort de l'ancien régime; le rétablissement du divorce fut salué avec une double joie, et pour les effets salutaires qu'on en attendait, et à cause de son caractère de réforme.

Du reste, pour apprécier cet état d'esprit, il suffit de lire au *Moniteur : — l'exhortation fraternelle du citoyen Chaumette, président de la commune, aux époux dont il a reçu les déclarations de mariage et parmi lesquels étaient deux couples antérieurement séparés, mais que la loi du divorce a réunis* [1] :

« Citoyens et citoyennes, vous nous prouvez aujourd'hui que la liberté reposera chez nous sur des bases éternelles; déjà le règne des mœurs commence. Il était réservé au divorce de rajeunir d'anciennes alliances et de remplacer par des charmes inconnus jusqu'alors les dégoûts et les fatigues inséparables d'un lien indissoluble. La facilité d'une rupture rassure les âmes timides. Libres de se séparer, les époux n'en

———

1. *Moniteur,* 1792, n° 297, mardi 23 octobre.

sont que plus unis. Non, rien ne coûte que ce que l'on fait par contrainte et le plaisir même est à charge lorsqu'il devient un devoir. Le divorce est le père des égards mutuels, des complaisances, des soins, perpétuel aliment des feux honnêtes ; et c'est bien ici le cas de s'écrier avec un philosophe de nos jours : le divorce est le dieu tutélaire de l'hymen puisqu'il le fait jouir d'une paix inaltérable et d'un bonheur sans nuage.

» Et vous, jeunes époux qu'un tendre engagement a déjà unis, c'est sur les autels de la liberté que se rallument pour vous les flambeaux de l'hymen. Le mariage n'est plus un joug, une chaîne, il n'est plus que ce qu'il doit être : l'accomplissement des grands desseins de la nature, l'acquit d'une dette agréable que doit tout citoyen à la patrie. Une union fondée sur la tendresse n'est-elle pas plus pure, plus sainte que celle qui n'est formée que par des préjugés ? Elle doit être aussi plus durable ; car dans les maisons d'époux libres et qui ne doivent leur union qu'à l'estime et aux passions honnêtes, si quelquefois il s'élève de ces différends inévitables même auprès des amants, l'hymen sera intéressé à les empêcher d'éclater de peur que le divorce ne les entende.

» Citoyens et citoyennes, je finis par une exhortation que me dicte l'intérêt que doit inspirer votre union à tous les amis de la patrie. De cette union, sans doute, naîtront des citoyens à la République ; unissez donc vos efforts aux nôtres pour obtenir une bonne éducation nationale, vous y êtes maintenant plus intéressés qu'avant votre mariage... En attendant, chers concitoyens, si la nature vous comble de ses bienfaits en accordant des fruits à votre tendresse, empressez-vous d'écarter du berceau de ces intéressantes créatures les préjugés barbares et toute idée d'esclavage. Apprenez-leur à connaître, à chérir leurs devoirs, leurs droits, et que les premiers mots qu'ils bégaieront soient les mots sacrés de Patrie, de Liberté et d'Égalité. »

Nous le répétons, la loi du 20 septembre 1792 fut très bien accueillie, et pendant de longs mois la Convention n'eut pas

à s'en occuper. Durant cette première année républicaine de
1792-1793, l'activité de la Convention fut absorbée par des
événements terribles qui laissaient peu de place aux débats
juridiques; d'autre part, le divorce paraissait définitivement
entré dans les mœurs; aucune voix ne s'éleva pour demander
que la loi de 1792 fût abrogée ou même modifiée; un chansonnier se trouva même pour célébrer en vers faciles l'institution nouvelle :

> Bénissons nos législateurs,
>   Qui, pesant toutes choses,
> Du bonheur, vrais dispensateurs,
>   En augmentent les causes.
> Ils donnent à la liberté
>   Une nouvelle force.
> L'aurions-nous, en réalité,
>   Sans la loi du divorce?

Comme on le voit, l'enthousiasme populaire prenait des
allures lyriques. Mais si la chanson est curieuse, la forme en
est assez médiocre; aussi passons-nous tout de suite au
dernier couplet :

> Aux Romains, qui nous valaient bien,
>   On doit cette loi sage;
> Que le Français bon citoyen
>   En fasse un juste usage;
> Qu'enfin, l'amour du changement,
>   Par sa trompeuse amorce,
> Ne fasse pas légèrement
>   Demander le divorce[1]!

On ne suivit guère la recommandation du chansonnier, et
le peuple se mit aussitôt à user immodérément des facilités
qui lui étaient données de rompre les mariages. Des abus
sans nombre se produisirent : « A Nancy, à Metz, à chaque
rentrée au cantonnement dans leurs quartiers d'hiver, les
soldats se marient en convenant d'avance qu'ils divorceront à

---

1. *La Révolution française,* revue périodique publiée sous la direction de
M. Aulard, t. VI, p. 957.

leur départ[1]. » Les femmes des émigrés font dissoudre leurs mariages pour soustraire une partie de leurs biens à la confiscation ; de nombreuses séparations de corps sont converties en divorces ; de tous côtés, la loi nouvelle est appliquée avec une fréquence que les députés de l'Assemblée législative n'avaient point prévue.

Bien des écrivains avaient soutenu que le divorce, pour ne pas porter un coup fatal au mariage et désagréger la famille, devait être d'une obtention très difficile. L'expérience montra que le législateur de 1792 avait fait fausse route en s'écartant de ces principes. Un des plus grands dangers de la loi nouvelle résidait, en effet, dans les causes d'incompatibilité d'humeur et de consentement mutuel, qui, par leur réunion, consacraient la liberté absolue de divorcer.

Avec l'an V, nous devrons constater une réaction bien marquée contre le divorce en général et le mode d'incompatibilité en particulier. Mais pendant les premières années de la République, le divorce ne comptait guère au sein de la Convention que des partisans ; nous en trouvons la preuve dans une discussion qui s'éleva au cours de la séance du 1er septembre 1793.

On discutait alors un projet de Code civil, et ce jour-là l'Assemblée examinait le titre VI relatif au divorce. Le projet ne différait de la loi alors en vigueur que par des détails peu importants ; les grandes lignes en étaient les mêmes ; on y retrouvait en particulier trois modes de divorce : par consentement mutuel, par *la volonté d'un seul,* et pour causes déterminées.

Lacroix proposa seulement de substituer à *la volonté d'un seul* les mots d'incompatibilité d'humeur, d'une allure « moins despotique », et de supprimer les causes déterminées, dont le seul avantage était de procurer l'obtention immédiate du divorce ; il fit remarquer qu'au surplus ces causes déterminées étaient virtuellement contenues dans le mode d'incompatibilité

---

1. *Revue de la Révolution,* année 1883 : *Le Divorce pendant la Révolution,* par M. d'Auteville.

d'humeur. Thuriot appuya cette motion, en ajoutant que le mode d'incompatibilité avait sur le divorce pour causes déterminées l'avantage de voiler des griefs scandaleux [1].

Comme on le sait, la Convention, absorbée par des travaux d'une urgence plus impérieuse, ne put mener à bien ce projet de Code civil. La discussion que nous venons de rapporter n'en montre pas moins qu'en septembre 1793 on tendait plutôt à aggraver qu'à restreindre la portée de la loi du 20 septembre 1792. Cette tendance ne fera que s'affirmer dans les décrets des 8 nivôse et 4 floréal an II.

Décret du 23 vendémiaire an II (14 octobre 1793). — Le 14 octobre 1793, la Convention vota un décret de peu d'intérêt relatif à l'apposition des scellés par le conjoint demandeur sur les meubles et effets mobiliers de la communauté [2].

Décret du 8 nivôse an II (28 décembre 1793). — Le projet de Code civil alors à l'étude et adopté par la Convention dans ses dispositions relatives au divorce, permettait à l'époux divorcé de se remarier aussitôt après la dissolution du mariage; à la femme, dix mois après. (Alors que les délais imposés par la loi de 1792 étaient, au cas de divorce pour consentement mutuel ou incompatibilité d'humeur, d'un an pour les deux époux; au cas de divorce pour causes déterminées, d'un an pour la femme.) Le projet de Code civil avait été renvoyé à une commission : Merlin (de Douai) demanda le 28 décembre 1793 qu'on n'attendît pas pour réformer la loi de 1792 le vote définitif d'un code, et il proposa de décréter sur-le-champ, avec les modifications que nous venons d'indiquer, quelques détails de procédure relatifs aux attributions des tribunaux de famille. La Convention fit droit à cette réclamation [3].

---

1. *Moniteur*, an Ier, réimp., t. XVII, p. 531.
2. *Moniteur*, an II, n° 25.
3. *Moniteur*, an II, n° 99.

Décret du 4 floréal an II (22 avril 1794). — Le décret du 8 nivôse an II avait déjà aggravé la législation en vigueur. Mais un pas gigantesque fut fait dans cette voie par le décret du 4 floréal an II. Jusque-là, si le divorce était toujours possible, il était du moins toujours entravé; même avec le mode de consentement mutuel les époux devaient comparaître devant une assemblée de famille qui tentait de les concilier; avec le mode d'incompatibilité d'humeur ces comparutions étaient répétées; dans l'un et l'autre cas des délais assez longs étaient impartis aux époux pour leur permettre de revenir sur leur détermination. Le décret de floréal an II créa un nouveau mode de dissolution du mariage plus simple et plus rapide. Il fut désormais possible de faire prononcer le divorce sur la simple production d'un acte de notoriété constatant que les époux vivaient séparés de fait depuis six mois au moins ou que l'un d'eux avait abandonné l'autre depuis le même temps.

C'est Oudot qui, au nom du Comité de législation, proposa cette réforme, et voici par quelle suite de raisonnements il arrivait à contester l'utilité des délais impartis par la loi du 20 septembre 1792.

« Le divorce est une conséquence du premier des droits de l'homme; il est incontestable qu'on ne peut contraindre aucun individu à rester attaché au sort d'un autre, et qu'il suffit de la volonté d'un des époux pour rompre leurs liens; cependant le mariage est une institution trop importante au bonheur des familles et au maintien des mœurs pour qu'on puisse permettre de le dissoudre sans formalités et en quelque sorte *ipso facto* par la seule séparation des époux.

» Il est absolument nécessaire d'exiger qu'il ne puisse s'opérer qu'avec une sorte de solennité et d'après des formes qui assurent que celui qui le demande y a mûrement pensé et qu'il a une volonté bien persévérante et bien décidée de le faire.

» Mais lorsque des époux sont dans des circonstances telles qu'on doive présumer qu'ils ont suffisamment réfléchi sur un acte aussi sérieux, il est inutile de prolonger des délais d'épreuve qui laissent les deux époux dans une incertitude infiniment préjudiciable à leurs intérêts, à ceux de leurs enfants et de ceux qui ont des relations d'affaires avec eux. Ces délais fournissent l'occasion à celui qui a l'administration des biens de soustraire ou de dissiper les effets de la communauté; enfin, ils prolongent le scandale des séparations et portent une véritable atteinte aux mœurs. Tels sont, citoyens, les inconvénients des délais établis par la loi du 20 septembre 1792. »

Ces motifs parurent concluants et la Convention décréta que le divorce serait prononcé *sans aucun délai d'épreuve* lorsqu'il serait établi par un acte authentique ou de notoriété: soit que les époux vivaient séparés de fait depuis six mois, soit que l'un d'eux avait abandonné l'autre depuis le même temps sans lui donner de nouvelles. Le même décret modifiait, en outre, certaines dispositions de procédure de la loi de 1792, mettait des entraves à la facilité de divorcer pour les femmes de fonctionnaires retenus au service de la République, punissait de destitution tous officiers municipaux qui refuseraient de prononcer le divorce conformément à ce décret et réglait quelques autres points de minime importance.

Décret du 24 vendémiaire an III (15 octobre 1794). — C'est le dernier décret qui ait aggravé les dispositions de la loi de 1792; celui qui, poursuivant le divorce, établissait par un acte authentique ou de notoriété que son époux était émigré ou qu'il résidait en pays étranger ou dans les colonies, était à l'avenir dispensé de l'assigner à son dernier domicile; le divorce devait être prononcé sans aucune citation.

Les moyens de divorcer étaient devenus extrêmement variés. Au surplus, l'esprit même de la loi de 1792 et des décrets subséquents favorisait la liberté illimitée du divorce; le public en usa de plus en plus. On peut en juger par la statistique suivante que nous empruntons à l'article de M. d'Auteville paru en 1883, dans la *Revue de la Révolution,* sous le titre de *le Divorce pendant la Révolution.* C'est le relevé des divorces prononcés à Paris du 1er janvier 1793 au 17 juin 1795. On remarquera combien est élevé le contingent fourni par l'application de la loi du 4 floréal an II.

MOTIFS DE DIVORCE	Divorces demandés par les hommes.	Divorces demandés par les femmes.	TOTAL
Incompatibilité d'humeur...........	253	619	872
Consentement mutuel...............	548	11	559
Absence pendant 5 ans sans nouvelles.	178	584	752
Abandon.....................	241	571	812
Démence, folie	9	3	12
Sévices, mauvais traitements, injures graves	74	447	521
Dérèglement de mœurs........	95	67	162
Jugements, infamie................	6	40	46
Émigration....................	3	102	105
Séparation de corps jugée...........	39	92	131
Six mois d'absence (loi du 4 floréal) ...	673	1,332	2,005
	2,119	3,868	5,987 [1]

Il serait pourtant bien inexact de croire, malgré l'engouement qui se manifesta dans les grands centres en faveur du divorce, que tout le monde au début de la période révolutionnaire l'ait approuvé et pratiqué. Si l'on en croit M. Glasson [2],

1. Nous regrettons de n'avoir pu donner dans ce travail (sinon pour la France, du moins pour Paris) une statistique générale comprenant toute la période d'application de la loi du 20 septembre 1792 (1792-1803). Les documents officiels font défaut en cette matière, les registres de l'État Civil pour la commune de Paris ayant été détruits; d'autre part, les statistiques diverses dues à l'initiative du Gouvernement ne datent que de la première moitié de ce siècle. Ajoutons enfin que, de l'aveu de certains érudits spécialement au courant des travaux relatifs à la période révolutionnaire, aucun travail d'ensemble n'a jamais été publié à ce sujet. — Quelques auteurs (en particulier M. Glasson : *le Mariage civil et le Divorce,* 2e édit., p. 261) indiquent qu'en l'an VI il y eut à Paris plus de divorces que de mariages, qu'en l'an IX le nombre des mariages fut de 4,000, celui des divorces de 700, en l'an X celui des mariages de 3,000, celui des divorces de 900. Ces données statistiques, généralement empruntées à des livres ou à des discours de l'époque, perdent à notre avis beaucoup de leur valeur par le fait qu'elles ne mentionnent pas la source officielle à laquelle elles ont elles-mêmes été puisées.

2. Glasson, *Mariage civil et Divorce,* 2e édit., p. 261.

les populations rurales en usèrent fort peu; d'autre part, la catégorie très nombreuse de ceux qui étaient restés attachés à la foi catholique ne profita point de la nouvelle législation.

Même, dans une époque si troublée où le temps n'était guère aux protestations écrites, une voix éloquente se fit entendre pour condamner les principes nouveaux et défendre la cause de l'indissolubilité du mariage. Mme Necker, en effet, écrivit aussitôt après le rétablissement du divorce un livre de quatre-vingt-seize pages intitulé : *Réflexions sur le divorce;* la femme de l'ancien ministre mourut en 1794 et c'est la même année qu'un de ses amis fit paraître à Lausanne l'ouvrage posthume dont nous venons de donner le titre.

Mme Necker y fait avec beaucoup de grâce l'apologie du principe de l'indissolubilité et, par voie de conséquence, le procès du divorce. La discussion n'est pas empreinte d'une logique bien rigoureuse; la suite des raisonnements forme une trame un peu lâche où les développements littéraires ont la plus large part; l'auteur persuade, il ne prouve jamais. Le style fait tout le mérite de cet ouvrage; parfois emphatique et surchagé de réminiscences historiques ou mythologiques, il est toujours élégant, clair, harmonieux, parfois éloquent; nous ne croyons pas que de meilleures pages aient été écrites depuis pour célébrer les avantages du mariage indissoluble; nous voulons en donner comme exemple le passage suivant où Mme Necker dépeint la confusion des intérêts et presque des personnalités qui découlait du mariage au temps de son indissolubilité : « Les lois ont fortifié l'institution de la nature en déclarant que les familles et les titres seraient communs entre les époux; que les doux noms de père et de mère, de frère et de sœur seraient partagés et confondus par eux; adoption qui semble revenir sur le passé et former dès les premiers jours de la vie des nœuds et des devoirs dont l'empire embrasse tout le temps de notre existence. C'est dans le même esprit d'identité que les lois entrent en compte avec les femmes des travaux de leurs maris et même de leur vie. Enfin, les mœurs ont fortifié par leurs insinuations toutes ces injonctions des lois; ainsi l'usage qui dérive toujours des mœurs, oblige les époux d'observer l'un pour l'autre les règles de la modestie personnelle et bientôt toutes les nuances délicates qui caractérisent la parfaite union des âmes viennent embellir les traits essentiels d'identité, fortement prononcés par les lois. Mais ces nuances qui sont en même temps celles du sentiment et du bonheur s'effaceront et se perdront insensiblement sous la loi du divorce comme le parfum des fleurs se dissipe quand elles sont prêtes à tomber de leur tige; et, pour le prouver par un exemple, arrêtons-nous un moment sur cette communauté d'amour-propre dont nous venons de parler; sur cet amour-propre transporté hors de nous en apparence et qui devient ainsi mille fois plus délicieux; car il s'ennoblit, il s'agrandit dans le partage et il se purifie en changeant de sol; mais la loi qui permet le divorce détruira absolument cet effet précieux de l'identité et de l'unité des époux. Quelle femme serait vaine d'un nom qui bientôt ne sera plus le sien? ou d'une gloire qui peut réfléchir sur une autre? Ce sentiment d'instabilité influe continuellement et imperceptiblement sur nos penchants et sur nos opinions; c'est un grain de sable qui peut empêcher à jamais deux surfaces polies de se toucher dans tous les points [1] ».

Mais, nous le répétons, Mme Necker charme plutôt qu'elle ne convainct; lorsqu'on lui oppose les situations douloureuses où se trouvent placés certains ménages désunis, elle se contente de répondre que « les lois ne sont pas faites pour des exceptions et telle est l'imperfection de nos institutions humaines que leurs modifications combinées avec le plus de soin exigent toujours des sacrifices ».

Après avoir décrit depuis le mariage jusqu'à l'âge mûr le bonheur des unions indissolubles, elle laisse à entendre que dans l'état nouveau de la législation les époux âgés ne pourront supporter sans dégoût leurs infirmités réciproques, et elle

---

1: *Réflexions sur le divorce*, par Mme Necker, p. 17. Lausanne, 1794.

termine son livre en paraphrasant la touchante allégorie de Philémon et Baucis.

Cependant, comme les abus du divorce allaient chaque jour se multipliant, des plaintes se firent entendre, et le 17 mai 1795 (28 floréal an III) la Convention entendit pour la première fois une protestation contre la loi de 1792. Le député Bouguyod exposa qu'à son avis le divorce ne s'obtenait qu'avec trop de facilités, que les enfants étaient abandonnés, leur éducation négligée, etc., et il demanda que ces observations fussent communiquées au Comité de législation. Rousseau lui répondit par ce sophisme naïf :

« Le divorce, certes, est juste quand on le demande pour des causes graves. Quant à ceux qui divorcent sans bonnes raisons, ce sont des gens sans mœurs; il faut se hâter de les séparer; ils ne pourraient donner qu'une mauvaise éducation et de mauvais exemples à leurs enfants [1]. »

Et la Convention passa à l'ordre du jour.

Le 18 juillet suivant (2 thermidor an III), l'attention de la Convention fut encore attirée sur les abus qu'engendrait l'application de la loi sur le divorce; ce jour-là on discutait la Constitution de l'an III et les conditions d'éligibilité au Conseil des Cinq-Cents. Ch. Delacroix proposa de n'admettre au sein de cette Assemblée que des hommes mariés ou veufs. L'amendement qu'il déposa dans ce sens fut vivement combattu par Savary dans un discours où l'on relève le passage suivant : « Je crois que cet amendement est plus propre à corrompre les mœurs qu'à les épurer. Les ambitieux se marieront à la veille des élections; ils abuseront de la jeunesse et de la fraîcheur d'une jeune fille, et lorsqu'ils seront parvenus au Corps législatif *ils profiteront des subterfuges multipliés que laisse la loi du divorce pour abandonner cette jeune personne* [2]. »

L'amendement Delacroix fut adopté. Mailhe reprit alors avec

---

1. *Moniteur*, an III, n° 242.
2. *Moniteur*, an III, n° 307.

plus de force encore l'idée émise par Savary : « Afin, dit-il, que l'amendement que la Convention vient d'adopter ne soit point illusoire et produise tout l'effet qu'elle désire, je demande que le Comité de législation soit tenu de nous présenter dans le courant de la décade des modifications à la loi du divorce, qui est plutôt un tarif d'agiotage qu'une loi. Le mariage n'est plus en ce moment qu'une affaire de spéculation; on prend une femme comme une marchandise en calculant le profit dont elle peut être, et l'on s'en défait sitôt qu'elle n'est plus d'aucun avantage; c'est un scandale vraiment révoltant [1]. »

Telles sont les paroles qui purent être prononcées le 18 juillet 1795 dans l'enceinte de la Convention, sans que personne ait songé à s'inscrire en faux contre des allégations aussi graves. Ce léger incident prouve donc que moins de trois ans après sa promulgation, la loi du divorce était devenue la source d'abus criants; ces abus étaient surtout dus, pensait-on, aux décrets des 8 nivôse et 4 floréal an II.

Aussi ces décrets furent-ils, à dater de cette époque, l'objet de critiques incessantes. Le Comité de législation qui avait été chargé de préparer un projet de loi sur le divorce se prononça, avant même d'entreprendre des travaux plus complets, pour la suspension immédiate de ces deux décrets.

Cette proposition fut portée à la tribune par Mailhe le 2 août 1795 (15 thermidor an III); Mailhe insinua que les décrets des 8 nivôse et 4 floréal an II avaient été imposés à la Convention par des hommes influents pour la satisfaction de leurs intérêts personnels. Il fit voir les dangers de ces lois qui enlevaient tout frein à la liberté de divorcer et il prononça ces paroles restées fameuses :

« Dans combien de familles ces lois n'ont-elles pas porté la désolation et le désespoir! Combien n'aggravent-elles pas, surtout dans ce moment, la position de ceux qui se trouvent détenus par mesure de sûreté générale! On séduit leurs femmes, on abuse de leur séparation de fait; on les amène à des

---

1. *Moniteur*, an III, n° 307.

demandes en divorce qui ne rencontrent aucun obstacle, aucune difficulté.

» Vous ne sauriez arrêter trop tôt le torrent d'immoralité que roulent ces lois désastreuses; il faut sans doute qu'on soit libre dans les liens du mariage, mais il faut en bannir la liberté du vice [1]. »

Puis Mailhe soumit à l'Assemblée un projet de décret en deux articles : l'un suspendait les décrets des 8 nivôse et 4 floréal an III; l'autre chargeait le Comité de législation de reviser toutes les lois concernant le divorce.

La Convention vota le projet qui lui était soumis; l'exécution des dispositions contenues dans les décrets des 8 nivôse et 4 floréal an II fut suspendue (15 thermidor an III); ainsi cessa d'être appliquée cette législation néfaste dont la durée n'avait pas dépassé seize mois, et l'on revint purement et simplement à la loi de 1792. Les adversaires du divorce venaient d'obtenir un premier succès; leurs attaques se reportèrent dès lors sur le mode d'incompatibilité d'humeur.

Quant au Comité de législation, il n'obéit pas, semble-t-il, à l'injonction qui lui avait été faite de préparer un remaniement complet des lois sur le divorce, puisque la question ne fut reprise que plus d'un an après, le 14 novembre 1796 (24 brumaire an V).

La Constitution de l'an III était alors en vigueur, et c'est devant le Conseil des Cinq-Cents que Reynaud (de l'Orne) se plaignit vivement des abus résultant du divorce pour cause d'incompatibilité d'humeur.

« Il serait difficile, disait Reynaud, de peindre tous les maux que cette cause de divorce occasionne; il serait difficile d'imaginer combien elle favorise la légèreté et l'inconstance des époux, combien enfin elle contribue à corrompre les mœurs. Eh! dites-moi, qu'y a-t-il de plus immoral que de permettre à l'homme de changer de femmes comme d'habits, et à la femme de changer de maris comme de chapeaux ? N'est-ce

1. *Moniteur,* an V, n° 57.

pas porter atteinte à la dignité du mariage? N'est-ce pas en faire le jouet du caprice et de la légèreté? N'est-ce pas en quelque sorte l'anéantir et le changer en un concubinage successif? [1] »

Raynaud s'étendit assez longuement sur les inconvénients du mode d'incompatibilité d'humeur et demanda la suspension de cette cause de divorce à défaut de sa suppression; mais Boissy d'Anglas fit prononcer l'ajournement de cette motion jusqu'à la discussion du Code civil.

Trois jours après, le 17 novembre 1796 (27 brumaire an V), la question revint devant les Cinq-Cents, amenée par une supplique insolite : une citoyenne dont l'époux demandait le divorce pour cause d'incompatibilité d'humeur, sollicitait du Conseil une résolution qui, « en attendant la discussion du Code civil, suspendît les demandes en divorce pour cause d'incompatibilité d'humeur [2]. » Cette réclamation n'était probablement pas spontanée; quoi qu'il en soit, les adversaires du mode d'incompatibilité demandèrent immédiatement que l'on fît droit à la proposition de la pétitionnaire. Villers affirma « qu'il était du devoir du législateur de faire cesser promptement un scandale vraiment alarmant pour la société ». Et Philippe Delville appuya les conclusions de son collègue en disant qu'il fallait « faire cesser le marché de chair humaine » que les abus du divorce avaient introduit dans la société.

Cambacérès s'opposa vivement à la suspension du divorce pour incompatibilité d'humeur, il montra que cette mesure présentait de nombreux inconvénients, dont le plus grand était de laisser les intéressés dans une cruelle incertitude, et il obtint de l'assemblée que l'on ne toucherait pas à la législation en vigueur jusqu'à la discussion du Code civil.

Philippe Delville ne se tint point pour battu et, le 1er décembre 1796 (11 frimaire an V), il reprit dans un style

---

1. *Moniteur,* an III, n° 321.
2. *Moniteur,* an V, n° 60.

déclamatoire ses attaques contre le mode d'incompatibilité dont il redemanda la suspension; pour la deuxième fois, la Convention passa à l'ordre du jour.

La cause d'incompatibilité d'humeur allait devenir l'objet de discussions incessantes.

Dans la séance 25 décembre 1796 (5 nivôse an V), « le citoyen Bertrand, capitaine au 3ᵉ régiment de dragons, présente au Conseil une pétition par laquelle il expose que, sur le point de passer en Italie, sa femme, mère de quatre enfants vivants, forme contre lui une demande en divorce fondée sur le vain prétexte de l'incompatibilité d'humeur, mais dans le fait afin de s'approprier une partie de ses biens dont il lui a laissé, depuis quatre ans qu'il est dans les armées, l'administration et la jouissance [1]. »

Favart fit à ce sujet quelques observations et soumit à l'Assemblée la motion expresse de nommer une commission à l'effet de rédiger un rapport sur la suspension provisoire de la loi sur le divorce. Cette proposition fut adoptée.

Avant de continuer l'examen des débats parlementaires qui vont devenir de plus en plus fréquents, il y a lieu de remarquer que le divorce avait bien perdu de son prestige dans l'opinion publique. Les discussions à la Convention et aux Cinq-Cents peuvent passer pour un reflet assez fidèle de l'état des esprits; après avoir donné au divorce la plus large extension, on en avait réduit l'usage, et chaque jour des récriminations et des protestations se faisaient entendre à la tribune contre le mode d'incompatibilité d'humeur.

Aussi, après avoir entendu célébrer en termes lyriques les bienfaits du divorce, entendons-nous maintenant le chansonnier satirique rimer sur air bouffon :

Je n'avions qu'n'femm' et queuq'fois
C'était trop dans le ménage;

[1]. *Moniteur*, an V, nº 97.

> J'en aurons deux, j'en aurons trois,
>   Queu délic'! queu ramage!
> Queu plaisir tous les ans de se remarier!
> Comme les enfants vont se réjouir, biribi
> A la façon de Barbari, mon ami 1!

De même, alors que nous avions vu les journaux, au début de la Révolution, reproduire de nombreuses lettres de femmes réclamant le divorce, nous trouvons maintenant dans les mêmes feuilles de longs réquisitoires contre le divorce émanés de correspondantes anonymes : Voici une de ces lettres empruntée à l'*Accusateur public*, n° XXI, p. 29, et reproduite par M. d'Auteville dans son article sur *le Divorce pendant la Révolution*.

« Mon enfant repose, profitons de ce moment; écrivons à l'homme consolateur qui n'osera dédaigner mes larmes; je suis si malheureuse qu'il n'y a que lui et le Ciel que mes plaintes n'importuneront pas. Je n'ai point encore vingt et un ans, Monsieur, et je vais mourir. J'avais de la beauté : je n'en ai plus; une famille qui me chérissait : tout me délaisse; une fortune brillante : je manque de pain; quelques qualités, dons du Ciel et d'une heureuse éducation : elles me restent pour ajouter à mon désespoir; ah! qui m'a ravi tout mon bonheur? Écoutez :

» Il y a bientôt deux ans qu'un artiste (c'était un musicien) se présenta chez mon père; il avait quarante ans et moi dix-neuf; il n'était pas beau; le chagrin n'avait pas encore flétri mes traits. Il demanda ma main. Ses talents, sa fortune aisée, sa bonne réputation, la tendresse qui l'animait pour moi, la persuasion où j'étais que l'amitié et l'estime suppléraient dans mon cœur à l'amour me déterminent : je l'épouse.

» Une année s'écoula au sein des affections les plus douces : je devins mère. Cet heureux gage semblait devoir resserrer notre union; que de raisons pour accroître ma crédule confiance! Un enfant charmant, une femme jeune et sensible,

---

1. *Le Rabâchage du Père Luron*. Paris, déc. 1796.

une douce aisance, un intérieur où les talents chassaient l'ennui et rivalisaient entre eux. Pouvait-il, le barbare, ne point aimer cette profusion de félicités! J'étais heureuse à jamais; je devais l'être.

» Bientôt, à sa prière, je vais à la campagne respirer un air plus pur; ma santé, me disait-il affectueusement, ma santé l'exigeait. Bientôt je hâte par mes vœux le moment du retour. J'arrive; je vole; j'entre dans ma maison : quel silence!... j'appelle; personne ne répond. Les murs sont dépouillés, les meubles enlevés; une épouvantable nudité, un misérable grabat, trois chaises; une signification de la loi laissée sur ma cheminée et qui m'annonce mon divorce, voilà ce qui reste de mon bonheur! J'allais tomber morte sur la place quand des cris me raniment : c'étaient les cris de mon enfant; il reposait dans le cabinet voisin et venait de se réveiller. Le barbare au moins ne lui avait pas ôté son berceau!

» Mais écoutez ceci : dans la même maison, dans un appartement contigu au mien, sur le même palier je crois reconnaître la voix de mon mari, j'entends les accords de mon clavecin, j'entends la joie bruyante : c'est lui... vous frémissez d'horreur... C'est lui, vous dis-je; oppressée, palpitante, je m'élance vers ce lieu : une femme ouvre, s'oppose à mon passage, m'apprend qu'elle est son épouse... la porte se referme... je me meurs...

» Depuis ce moment, et déjà il s'est écoulé trois mois, me traînant dans cet appartement solitaire et qui me vit autrefois si heureuse, pressant mon pauvre enfant contre mon sein aride, ne pouvant ni respirer ni gémir, j'appelle à longs sanglots la mort sur sa tête et la mienne... mais j'entends leur joie, leur ivresse : les féroces créatures semblent à travers les lambris vouloir railler mes misères. Quelquefois les cris de son fils qui demandent mon sein viennent par un horrible mélange contraster avec les accords de sa musique... Mais mon fils se réveille... j'entends les cris de mon fils... adieu, Monsieur. »

Nous n'avons qu'une foi bien médiocre dans l'authenticité de ces doléances; elles sont peut-être parvenues effectivement au journal *l'Accusateur public*, mais elles émanaient bien plutôt d'un adversaire du divorce désireux de jeter le discrédit sur cette institution que d'une épouse honnête et malheureuse. Le malheur honnête a plus de dignité et il doit souffrir en silence plutôt que d'épancher sa douleur dans les colonnes d'une gazette. La lettre que nous avons citée n'en offre pas moins cet intérêt de marquer une période de réaction contre le divorce.

Revenons aux débats parlementaires dont nous allons reprendre l'analyse avec l'année 1797. Nous avons vu précédemment que, dans le cours de l'année 1796, quatre discussions sur le divorce s'étaient élevées dans le Conseil des Cinq-Cents, et que toutes quatre avaient eu pour objet l'abrogation ou au moins la suspension du mode d'incompatibilité, soit que les adversaires de ce mode eussent pour but caché d'obtenir, en même temps, le rapport complet des lois sur le divorce, soit qu'ils voulussent simplement débarrasser cette institution d'un rouage dangereux. Il faut dire, au reste, que tout le monde était d'accord pour reconnaître les abus de la loi de 1792 et que des partisans très fervents du divorce comme F. Faulcon avaient fait tous leurs efforts au cours de l'an IV pour perfectionner la législation existante en supprimant les dispositions susceptibles d'entraîner un usage excessif du divorce. Ce résultat ne devait être atteint que le 17 septembre 1797, et Faulcon, dans son très curieux *Précis historique de l'établissement du Divorce* [1], nous en indique les causes :

« Je fis tous mes efforts, dit-il, pour que l'institution du

---

1. *Précis historique sur l'établissement du Divorce. Suivi de notes et de quelques réflexions relatives au titre second du nouveau projet de Code civil*, par Félix Faulcon (de la Vienne), membre du Corps législatif. Paris, 1800, in-8°, 27 pages. (Bibl. nationale, R. p. 9649.)

divorce fut épurée de la lie révolutionnaire qui l'entachait aux yeux des amis des mœurs et dont paraissaient, en quelque sorte responsables, ceux qui, comme moi, l'avaient constamment sollicitée.

» Vœux superflus ! j'étais entouré d'hommes alors tout-puissants qui croyaient s'honorer en consacrant avec opiniâtreté les fautes nombreuses qu'ils avaient commises, qui avaient pour système favori de soutenir aveuglément tout ce qui avait été fait par eux et aux yeux de qui les principes de modération et de justice devenaient un brevet de contre-révolution, quand ils contrariaient quelques-unes de leurs idées. »

Et Faulcon explique encore comment, avec l'an V dont nous avons étudié les débuts, les partisans d'un divorce raisonnable se trouvèrent aux prises avec d'autres adversaires qui, sous le prétexte d'arrêter les abus provenant de la cause d'incompatibilité, ne songeaient à rien moins qu'à obtenir l'abrogation de la loi du 20 septembre 1792 tout entière. « J'espérais, dit Faulcon, qu'il allait enfin devenir possible de purifier le divorce; cette espérance fut vaine comme tant d'autres; je me trouvai contrarié par une autre espèce d'hommes qui, mus de même en sens opposé par le funeste esprit de parti, tendaient à détruire indistinctement tout ce qui avait été fait pendant la Révolution. Ils ne tardèrent pas à diriger leurs attaques contre l'institution du divorce; ils voulaient non pas, d'accord avec moi, remédier aux abus déplorables qui la profanaient, mais la renverser tout à fait. Héritiers sous une autre forme des habitudes révolutionnaires, dont néanmoins ils se disaient les implacables ennemis, ils ne balançaient pas à prodiguer des épithètes injurieuses à ceux qui n'adoptaient pas leurs pieuses rêveries [1]. »

Faulcon reconnaît, du reste, qu'à côté de ces députés dont le vote était seulement déterminé par les passions politiques, il se trouvait pour combattre le divorce, au moins dans ses

---

1. *Précis historique sur l'établissement du Divorce*, par Félix Faulcon.

dispositions les plus critiquables, des hommes infiniment esti-
mables, dont les mœurs austères avaient été blessées par le
spectacle des désordres qui résultaient du mauvais état de
notre législation.

« Je déplorais comme eux, ajoute-t-il, et plus encore peut-
être, les abus qui les avaient si justement révoltés ; je pla-
çais au rang de mes plus chères idées celle de contribuer de
tous mes efforts à améliorer les formes du divorce : mais il
fallait provisoirement défendre le fond qui était fortement
menacé.

» La tâche n'était pas facile contre cette dernière classe
d'adversaires qui avaient pour eux le double ascendant des
grands talents et d'une grande renommée ; j'osai pourtant
l'entreprendre et j'y réussis après trois opinions consécutives
appuyées par mes honorables collègues Emmery et Thibaudeau. »

Nous allons voir, en effet, que pendant l'année 1797, où les
discussions sur le divorce furent incessantes, les propositions
d'abrogation et de suspension du mode d'incompatibilité furent
combattues avec acharnement, et qu'enfin Faulcon, après
avoir sauvegardé le principe qui lui était cher, fit voter une
loi destinée à en prévenir les abus (Loi du 1er jour complémentaire de l'an V).

Avant d'atteindre à ce résultat, la lutte fut vive. Dès le
commencement de l'année 1797 la campagne dirigée contre
le mode d'incompatibilité fut reprise avec vigueur.

Le 9 janvier 1797 (20 nivôse an V), Favart prit la parole
au nom de la commission spéciale chargée de faire un rapport sur la suspension du mode d'incompatibilité ; la commission était d'avis qu'il fallait suspendre cette cause de
divorce jusqu'à la discussion du Code civil.

Dans son discours Favart formula contre la loi du 20 septembre 1792 une critique dont nous avons contesté le bien
fondé. Cette « loi, dit-il, fut adoptée sans donner à sa discussion toute l'étendue, toute la réflexion qu'elle exigeait ; et
pour tout dire en un mot, si ce mot peut être dit, c'est un

acte fait *in extremis*, dont la Convention nationale semble n'avoir été que le fidèle exécuteur ». Puis il s'attaqua au mode d'incompatibilité.

Il prétendit que *tout le monde* était d'accord pour condamner cette cause de divorce, affirmant que plus de 20,000 époux lui devaient déjà leur désunion et qu'ils en gémissaient. Comme exemple des abus auxquels donnait lieu ce mode de divorce, il signala le fait suivant, assez singulier et qui a souvent été cité depuis :

« Une jeune citoyenne se marie avec l'assurance de recueillir les biens d'une grande tante; arrive la loi du 17 nivôse qui la prive de cet espoir, les deux époux conviennent de faire divorce : le projet exécuté, le mari épouse la grande tante, âgée de quatre-vingt-deux ans qui lui donne tous ses biens par contrat de mariage ainsi que la loi le lui permettait. La vieille tante ne tarde pas à mourir et son jeune veuf se remarie avec sa première femme. » Et Favart conclut : « Que devez-vous penser de la loi sur le divorce si on peut en faire un trafic aussi honteux pour éluder d'autres lois? N'est-ce pas démoraliser le mariage que s'en jouer de la sorte[1]? »

Il termina par ces paroles : « Trop d'abus et des abus trop scandaleux ont été les résultats non prévus de la liberté du divorce pour cause d'incompatibilité. Il faut en suspendre l'exercice jusqu'après la discussion du Code civil qui doit au moins amener des modifications nécessaires autant que tardives[2]. » Mais une question se posait encore si le Conseil votait cette première motion : la suspension du divorce pour cause d'incompatibilité s'appliquerait-elle à toutes les demandes, même à celles en cours, ou serait-elle restreinte aux demandes à venir? La commission s'était rangée à ce dernier avis, effrayée par la perspective des crimes que pourraient commettre sur la personne de leur conjoint des époux exaspérés par la brusque interruption de leur procédure de

1. *Moniteur*, an V, n° 112.
2. *Id.*

divorce. Favart donna à ce sujet lecture d'une lettre émanée d'une femme en train de divorcer : « quelque chose qui puisse arriver, écrivait-elle, le jour où la loi contraire au divorce replacera ce monstre (son mari) dans mon lit, sera le dernier de ses jours ; je l'y poignarderai. Mais aussi, au moment où j'exécuterai mon projet, mon père, ma mère qui habitent chez moi, nous porterons dans notre sein un poison subtil contre lequel viendront échouer tous les secours. » Le Conseil frémit d'horreur [1].

Le rapporteur émit donc l'avis que les demandes à venir fussent seules l'objet d'une suspension.

Ce rapport était loin de répondre au sentiment général de l'Assemblée. Lecointe prit immédiatement la parole et protesta avec force contre la qualification d'acte *in extremis* donnée par Favart à la loi du 20 septembre 1792. « Cette loi, dit-il, fut vivement et longuement discutée et l'article dont il a été question (mode d'incompatibilité) fut celui qui fixa le plus l'attention de l'Assemblée.

» On pensa alors qu'il était très moral de permettre le divorce pour cause d'incompatibilité d'humeur, c'est-à-dire de ne pas forcer des époux à dévoiler des secrets honteux et à se déshonorer eux-mêmes [2]. » Lecointe protesta également contre l'affirmation de Favart que tous les esprits s'accordaient à réclamer la suppression du mode d'incompatibilité ; il insista sur la nécessité de ne procéder à une refonte de la législation du divorce que par un ensemble de modifications sages, prudentes et réfléchies, et il demanda en conséquence, avec l'impression du rapport, l'ajournement du projet. Cette proposition fut décrétée.

Le 17 janvier 1797 (28 nivôse an V) la discussion se rouvrit. Golzart reprit, en l'assombrissant encore, le tableau que Favart avait tracé des abus engendrés par le divorce ; il surenchérit même sur les conclusions du rapporteur en

1. *Moniteur*, an V, n° 112.
2. *Id.*

demandant que la suspension du mode d'incompatibilité fût étendue aux demandes en cours. Oudot défendit alors le mode d'incompatibilité; il expliqua longuement les motifs qui en avaient justifié l'admission et que nous avons maintes fois indiqués; il s'éleva surtout contre certaines allégations tendant à faire croire que l'opinion tout entière condamnait cette cause de divorce et prétendit que c'était seulement l'avis de quelques pétitionnaires qui faisaient du bruit comme cent : « Ces clameurs, ajouta-t-il, sont répétées par trois ou quatre journalistes soldés; c'est ainsi que l'on fait l'opinion publique à Paris, comme le tonnerre à l'Opéra [1]. »

Lecointe soutint, d'autre part, qu'il était contraire à la Constitution de suspendre une loi. Le Conseil ajourna encore la discussion.

Cependant le divorce perdait chaque jour de son prestige sous le coup des attaques dont il était l'objet; nous trouvons une confirmation de cet état d'esprit dans un article publié par le journal *l'Historien*, et dont le *Moniteur* [2] donna l'analyse. Le journaliste s'élevait contre la versatilité de l'opinion et contre l'inconséquence des réactions qui jettent les hommes politiques d'un excès dans l'excès contraire : « Parmi les singularités de ces girouettes qui écrivent et qui parlent, disait-il, une des plus étranges est le changement de toutes les opinions par rapport au divorce [3]. » Et il indiquait en vertu de quelles causes exceptionnelles le nombre des divorces avait atteint des chiffres aussi alarmants en apparence. Parmi ces causes tout accidentelles, il citait la conversion en divorce des anciennes séparations de corps; d'après lui, le chiffre de ces conversions eût atteint 27,000. Ce chiffre, rapproché de la statistique que nous avons donnée au début de ce chapitre, paraît être fantaisiste. — L'auteur de l'article convenait, du reste, que le mode d'incompatibilité pouvait être entouré de formalités additionnelles susceptibles d'en prévenir l'abus. « Avec

1. *Moniteur*, an V n° 120,
2. *Moniteur*, an V n° 121.
3. *Id.*

ces lois, ajoutait-il, le divorce ne sera jamais nuisible; il ne dégénérera point en abus. Il sera une ressource affligeante, mais nécessaire contre un des plus grands malheurs de l'humanité ».

Comme on le voit, les journaux, même favorables au divorce, reconnaissaient qu'il y avait dans la loi du 20 septembre 1792 des lacunes à combler; à l'optimisme des premiers temps avait fait place un sentiment de malaise dont les adversaires de l'indissolubilité du mariage ne pouvaient se défendre et qui est pour nous un indice très certain des défectuosités de la législation révolutionnaire.

Cependant la question ne cessa point d'être débattue au Conseil des Cinq-Cents. Le 23 janvier 1797 (4 pluviôse an V) la discussion sur le divorce fut rouverte par un discours de Mailhe. L'orateur fit au Conseil un véritable cours d'histoire romaine dans le but de démontrer que la corruption des mœurs croît directement avec l'abus du divorce. Il montra que cependant à Rome la famille avait des bases plus solides que dans la société actuelle et il ajouta : « Que n'avons-nous pas à craindre pour la République française où le mariage n'est protégé par aucune institution conservatrice, où la faculté de le rompre par la simple volonté d'un des époux en a fait un objet de spéculation et d'agiotage, où la dépravation de la morale publique et privée ne rencontre aucune digue, aucun obstacle, soit religieux soit politique [1] ? »

Arrivant enfin au fond même de la discussion alors pendante, il s'éleva contre le mode d'incompatibilité et répondit à cet argument que la raison d'être de ce mode de divorce était d'éviter le scandale de divulgations honteuses, en affirmant qu'il y avait un scandale bien plus grand à discréditer le mariage par l'abus continuel du divorce; il conclut en se rangeant à l'avis émis par la commission, avis contenu dans le rapport de Favart du 9 janvier.

[1] *Moniteur,* an V, n° 125.

Darracq répondit à Mailhe dans un très mauvais discours, où les meilleurs arguments en faveur du divorce en général et de la cause d'incompatibilité en particulier étaient présentés sous une forme ridicule et naïve.

La discussion du projet de la commission fut reprise le lendemain 24 janvier 1797 (5 pluviôse an V); Siméon soutint les conclusions du projet en réclamant la suspension pure et simple du mode d'incompatibilité; le mérite d'une telle mesure était, à son avis, de laisser la question intacte pour la discussion à laquelle elle donnerait lieu lors de l'examen du Code civil. Il défendit avec courage le principe de l'indissolubilité du mariage; on a rarement mieux dit en moins de mots. Nous croyons devoir citer ce passage tout entier :

Le mariage est indissoluble de sa nature, dit-il, « il l'est pour l'avantage du sexe qui déjà a perdu un de ses principaux attraits une fois qu'il s'est donné; pour le sexe qui voit tous les jours sa beauté se faner, que sa fécondité vieillit prématurément et qui, par sa faiblesse et par ses sacrifices, a des droits à l'appui, à la reconnaissance et à la constance de son époux.

» Le mariage est indissoluble pour l'avantage des enfants qu'il faut élever. Il n'y a qu'une cohabitation passagère chez les animaux, parce que leurs petits n'ont besoin que de l'allaitement. Une fois qu'ils peuvent se suffire à eux-mêmes, ils ne connaissent plus ceux de qui ils sont nés; ils n'en sont plus connus. Il existe, au contraire, entre l'homme et la femme et leurs enfants des rapports perpétuels, des sentiments, des moralités et presque des besoins. Aux besoins de l'enfance, si prolongée dans notre espèce, succèdent ceux de l'éducation, ceux d'un établissement, d'un secours mutuel. Comme les enfants sont à la famille qui leur donna le jour, cette famille leur appartient; ils sont des tiers au préjudice de qui elle ne peut être dissoute [1]. »

Et Siméon, parti de ce principe, montra tous les dangers

---

1. *Moniteur*, an V, n° 127.

du divorce, hasardant même qu' « il vaudrait mieux que quelques mariages fussent malheureux par leur indissolubilité que si tous étaient relâchés et les familles troublées par la facilité des divorces [1]. » Puis, après cette longue diatribe, il restreignit la portée de son discours en se prononçant pour le projet de la commission : « Lorsque nous examinerons, dit-il, le Code civil, nous examinerons si cette indissolubilité (du mariage), qui a des fondements si antiques et si profonds, est susceptible de quelques exceptions, ce qui ne la détruirait pas. Mais, pour le moment, il doit être certain qu'assez et trop de causes déterminées de divorce resteront encore pour qu'on puisse, sans inconvénient, suspendre celle qui est tirée de la simple allégation d'incompatibilité, pour que l'on doive arrêter l'abus d'un moyen qui, en trois ans, a produit plus de divorces que l'Europe entière n'en avait vu en trois siècles [2]. »

Lecointe combattit alors le discours de Siméon et s'éleva contre le projet de suspension.

Duprat, dans la séance du 30 janvier 1797 (11 pluviôse an V), se rangea bien au même avis, mais pour aboutir à une conclusion diamétralement opposée à celle que proposait Lecointe : la suppression pure et simple du mode d'incompatibilité.

Le lendemain 31 janvier 1797 (12 pluviôse an V), Bancal émit aussi le vœu que l'on supprimât radicalement la cause d'incompatibilité; Dumolard se prononça pour la suspension; Pons de Verdun contre. Une fois de plus, la discussion fut ajournée.

Elle ne revint devant le Conseil que le 26 février (8 ventôse). C'est Cambacérès qui proposa de nommer une commission chargée de présenter des vues d'ensemble sur la législation des enfants naturels, du divorce, de l'adoption et des successions, toutes matières qui seraient ultérieurement examinées

1. *Moniteur*, an V, n° 127.
2. *Id.*

par le Conseil. Cette proposition fut adoptée ; en réalité, la commission dont Favart était rapporteur n'avait pu faire accepter son projet : le mode d'incompatibilité restait toujours en vigueur.

Ici doit trouver place l'historique de deux articles interprétatifs de la loi sur le divorce, dont le projet était ainsi rédigé :

Article premier. — L'article 10 du § 3 de la loi du 20 septembre 1792 concernant le divorce n'est applicable qu'aux actes passés entre les époux judiciairement séparés.

Art. 2. — Les époux divorcés par suite d'une séparation volontaire sont admis à faire liquider leurs droits, nonobstant tous traités intervenus entre eux à l'époque de leur séparation.

Ces articles furent adoptés sans discussion par le Conseil des Cinq-Cents dans sa séance du 23 avril 1797 (4 floréal an V). Mais ce projet fut l'objet au Conseil des Anciens d'un rapport défavorable de Ligeret, qui trouvait la loi du 20 septembre 1792 parfaitement claire ; il fut rejeté par cette Assemblée, conformément à l'avis du rapporteur, le 8 juin suivant (20 prairial an V).

Le fameux débat sur la suspension du mode d'incompatibilité semblait ajourné pour longtemps lorsque Béraud (du Rhône) en saisit une fois de plus le Conseil des Cinq-Cents, demandant que le rapport de Favart fût à nouveau remis en discussion (29 mai 1797, 10 prairial an V).

La motion de Béraud fut adoptée ; en conséquence, le 9 juin suivant (20 prairial an V), la question revint solennellement devant le Conseil des Cinq-Cents ; ce débat devait se terminer par la victoire définitive des partisans du mode d'incompatibilité. Favart commença par rappeler la teneur du projet si souvent ajourné, qui tendait à suspendre l'application du mode d'incompatibilité, puis Félix Faulcon prit la parole, et dans un long discours il demanda nettement et loyalement si c'était vraiment au mode d'incompatibilité qu'on s'attaquait, ou au divorce lui-même ; il fit valoir avec talent les arguments bien connus qui militaient en faveur de cette cause de divorce, il montra avec surabondance les inconvénients d'un décret de suspension; il conclut enfin « à l'établissement d'une commission qui serait chargée de présenter incessamment ses vues sur le divorce »; il demanda aussi « que toutes les discussions relatives au divorce fussent suspendues jusqu'après le rapport de cette commission ».

Cette proposition souleva une tempête dans l'Assemblée; on sentait qu'un ajournement n'était plus possible, qu'une solution décisive était imminente, et le débat revêtit un caractère d'acuité extrême. Delville clama qu'on voulait enterrer la question et reprit avec une violence nouvelle les critiques tant de fois formulées contre le mode d'incompatibilité. Bonnières alla jusqu'à dire qu'à son avis il était nécessaire que le mariage redevînt indissoluble; mais, rapporte le *Moniteur*[1], des murmures s'élevèrent et l'orateur dut retirer ses paroles et demander seulement la modification des lois actuelles. Enfin, après avoir longuement critiqué le divorce en général, le mode d'incompatibilité en particulier, Bonnières vota pour l'adoption du projet de la commission. Maillard (de la Somme) voulut aller plus loin et proposer l'abrogation radicale du mode d'incompatibilité, mais des murmures accueillirent cette motion comme quelques instants auparavant ils avaient accueilli l'apologie de l'indissolubilité absolue du mariage présentée par Bonnières; attestation précieuse du crédit dont jouissait encore le divorce malgré les abus incontestables auxquels cette institution avait donné naissance. Thibaudeau parla ensuite en sens contraire pour appuyer la proposition de Faulcon. Emmery se rangea au même avis et Favart, comprenant que l'Assemblée redoutait d'atteindre le divorce lui-même en frappant le mode d'incompatibilité, affirma que jamais l'intention de la commission n'avait été « d'attaquer l'institution elle-même, mais seulement de suspendre un mode reconnu vicieux ».

Quelques membres demandèrent qu'on allât aux voix. Parisot

---

1. *Moniteur*, an V, n° 266.

protesta, soutenant que le projet de la commission était insuf-
fisant et que *dans toute la France* on ne voulait plus du mode
d'incompatibilité. Pour la troisième fois des murmures s'élevèrent. Oudot voulut se faire entendre; longtemps des cris
couvrirent sa voix; il put enfin parler et se rallia à la proposition Faulcon.

Cette proposition (nomination d'une commission chargée
de présenter ses vues sur le divorce et suspension de toute
discussion relative à ce sujet jusqu'au rapport de la commission) obtint la priorité et fut ensuite adoptée à la presque
unanimité[1]. Le mode d'incompatibilité grâce à l'éloquente
intervention de Faulcon, venait de sortir triomphant d'une
lutte de sept mois.

Mais l'homme à qui revenait le mérite de cette victoire avait
lui-même reconnu les dangers de la cause d'incompatibilité;
il crut devoir compléter son œuvre en demandant aussitôt
qu'on améliorât le mode de divorce qu'il venait de contribuer
si puissamment à sauvegarder. Désigné comme rapporteur de
la commission dont il avait lui-même provoqué la nomination, il put, dès la semaine suivante (16 juin 1797, 28 prairial an V), exposer au Conseil des Cinq-Cents les vues de ses
collègues et proposer une modification à la loi du 20 septembre 1792. Il commença par reconnaître que le mode d'incompatibilité, tel qu'il existait, avait pu à juste titre passer
pour « le poison des mœurs et l'anarchie du mariage », et il
émit l'avis qu'on pourrait apporter un remède provisoire
mais efficace à cet état de chose en prolongeant de six mois
le délai imparti par la loi du 20 septembre 1792 pour l'obtention du divorce fondé sur l'incompatibilité de caractère.

Le lendemain Debonnières et Henri Larivière voulurent,
mais en vain, ramener la discussion sur la suppression complète du mode d'incompatibilité; ils n'obtinrent aucun succès;
Johannet fit seulement voter par le Conseil des Cinq-Cents
un amendement à la résolution adoptée la veille; c'était une

[1]. *Moniteur,* an V. n° 266.

mesure transitoire tendant à ce que le nouveau délai de six mois ne pût être abrégé.

Le 14 août 1797 (27 thermidor an V), la résolution votée par les Cinq-Cents vint devant le Conseil des Anciens. Le Conseil entendit à ce sujet un rapport de Portalis qui concluait au rejet de la résolution *comme incomplète et insuffisante*. L'impression du rapport fut ordonnée et la discussion ajournée.

Le rapport de Portalis est fort long (onze colonnes d'analyse dans le *Moniteur*), nous n'en dirons rien, car le Conseil des Anciens dans sa séance du 1er jour complémentaire (an V) en rejeta les conclusions après quelques observations de Desmazières, et approuva la résolution votée par le Conseil des Cinq-Cents. Voici le texte de cette résolution, devenue le décret du 1er jour complémentaire de l'an V.

Décret du 1er jour complémentaire de l'an V. — Article premier. — Dans toutes les demandes en divorce qui ont été ou seront formées sur simple allégation d'incompatibilité d'humeur et de caractère, l'officier public ne pourra prononcer le divorce que six mois après la date du dernier des trois actes de non-conciliation exigés par les articles 8, 10 et 11 de la loi du 20 septembre 1792.

Art. 2[1]. — A l'égard des demandes en divorce formées pour la cause ci-dessus, après lesquelles les trois actes de non-conciliation auront eu lieu, l'officier public ne pourra prononcer le divorce que six mois après la publication de la présente.

Rappelons enfin, pour terminer l'énumération des actes législatifs concernant le divorce promulgués avant 1803, la loi du 30 août 1798 (13 fructidor an VI), relative à la célébration des décadi : Aux termes de l'article 5 de cette loi, il devait, chaque décadi, être donné connaissance aux citoyens des divorces prononcés pendant chaque décade.

1. Amendement Johannet.

Après le 18 brumaire, lorsque la France eut un peu retrouvé son calme, une certaine agitation se produisit encore une fois autour du divorce; quelques publicistes, en apprenant que le divorce avait trouvé place dans le projet de Code civil, entreprirent une nouvelle campagne en faveur de l'indissolubilité du mariage; le plus célèbre des ouvrages qui parurent à ce sujet est celui de M. de Bonald : *le Divorce;* nous allons en dire quelques mots.

Ce livre, un des plus fameux qui aient paru sur la question, est assez original dans la forme; au fond il contient des arguments d'une logique un peu superficielle. De Bonald avait en 1796 donné la formule de son idéal politique et religieux dans sa *Théorie du pouvoir politique et religieux dans la société civile.* La conclusion de cet ouvrage était que la vraie société civile résulte de l'union du trône et de l'autel. Pour de Bonald la société politique devrait reposer sur le roi qui est *pouvoir,* sur la noblesse qui est *ministre,* sur le peuple qui est *sujet;* la société religieuse aurait pour fondement : Dieu, *pouvoir;* le sacerdoce, *ministre;* les fidèles, *sujets;* enfin la société domestique comprendrait elle-même le père, *pouvoir;* la mère, *ministre,* et l'enfant, *sujet.* Cette division tripartite des sociétés a un tort grave à nos yeux, c'est d'être très arbitraire; l'auteur la développe du moins dans une forme ingénieuse et il en déduit une théorie de la famille d'où il résulte que le mariage est de sa nature indissoluble. Le législateur de 1792 avait, il est vrai, créé la liberté absolue du divorce, cependant le principe de l'indissolubilité du mariage avait été admis avant la Révolution par la plupart des partisans du divorce; il l'est encore par presque tous ses partisans actuels et il a été consacré par les lois de 1803 et 1884 qui n'ont créé le divorce que comme une exception à une règle générale. Les longues dissertations de de Bonald peuvent donc s'appliquer au divorce libre, elles n'atteignent point le divorce-exception.

De Bonald soutient ensuite que l'enfant est un tiers dans le mariage, et que la Société ne peut autoriser la séparation absolue des époux sans abandonner lâchement cet être sans défense auquel préjudicie le divorce. Mais on pourrait objecter ici à l'auteur qu'il n'a pas le droit d'invoquer cet argument avant d'avoir prouvé que la séparation de corps qu'il admet fait aux enfants une situation meilleure.

Nous nous rangeons entièrement à son avis lorsqu'il dénie au mariage le caractère d'un simple contrat d'association, et qu'il dénonce en ces termes l'inégalité que crée le divorce entre l'homme et la femme :

« La société domestique n'est point une association de commerce où les associés entrent avec des mises égales et d'où ils puissent se retirer avec des résultats égaux. C'est une société où l'homme met la protection de la force, la femme les besoins de la faiblesse; l'un le pouvoir, l'autre le devoir; société où l'homme se place avec autorité, la femme avec dignité; d'où l'homme sort avec toute son autorité, mais d'où la femme ne peut sortir avec toute sa dignité : car de tout ce qu'elle a porté dans la société, elle ne peut en cas de disso-lution reprendre que son argent. Et n'est-il pas souveraine-ment injuste que la femme entrée dans la famille avec la jeunesse et la fécondité puisse en sortir avec la stérilité et la vieillesse et que, n'appartenant qu'à l'état domestique, elle soit mise hors de la famille à qui elle a donné l'existence à l'âge auquel la nature lui refuse la faculté d'en former une autre?

» Le mariage n'est donc pas un contrat ordinaire puisqu'en le résiliant les deux parties ne peuvent se mettre au même état où elles étaient avant de le former. Je dis plus; et si le contrat est volontaire lors de sa formation, il peut ne plus l'être et ne l'est presque jamais lors de sa résiliation puisque celle des deux parties qui a manifesté le désir de le dissoudre ôte à l'autre toute liberté de s'y refuser et n'a que trop de moyens de forcer son consentement [1]. »

Et si les partisans du divorce formulent leur plus sérieux argument : qu'il existe des situations intolérables dont il faut

[1]. *Le Divorce,* éd. 1818, ch. XI.

délivrer des époux à tout prix, non point à l'aide de demi-
mesures qui punissent le conjoint innocent comme le coupable,
mais par la dissolution absolue du lien conjugal, de Bonald
répond que des inconvénients accidentels ne doivent point
faire plier la règle générale, et que, du reste, les époux malheureux n'ont à s'en prendre qu'à eux-mêmes de s'être laissés
guider par l'intérêt ou la passion, ou d'avoir fait par simple
hasard un choix malencontreux.

Telles sont les théories les plus notables du livre de de
Bonald, ouvrage moins remarquable peut-être en lui-même,
qu'à raison de l'heure où il fut écrit.

Le Divorce avait été composé en un moment de réaction
cléricale ; son auteur put voir bientôt après ses idées approu-
vées et brièvement défendues dans une page du *Génie du
Christianisme* (1802) :

« Ne donnons point à l'Hymen les ailes de l'Amour !
s'écriait Chateaubriand [1], ne faisons point d'une sainte réalité
un fantôme volage. Une chose détruira encore votre bonheur
dans vos liens d'un instant : vous y serez poursuivi par vos
remords, vous comparerez sans cesse une épouse à l'autre, ce
que vous avez perdu à ce que vous avez trouvé ; et, ne vous
y trompez pas, la balance sera toute en faveur des choses
passées : ainsi Dieu a fait le cœur de l'homme. Cette distrac-
tion d'un sentiment par un autre empoisonnera toutes vos
joies. Caresserez-vous votre nouvel enfant, vous songerez à
celui que vous avez délaissé. Presserez-vous votre femme sur
votre cœur, votre cœur vous dira que ce n'est pas la première.
Tout tend à l'unité dans l'homme : il n'est point heureux s'il
se divise ; et comme Dieu, qui le fit à son image, son âme
cherche sans cesse à concentrer en un point le passé, le présent et l'avenir. »

Ajoutons que la campagne entreprise contre le divorce, au
début de notre siècle, par un groupe de catholiques dont de
Bonald et Chateaubriand s'étaient fait l'organe, ne réussit

---

1. *Génie du Christianisme*, éd. de 1828, p. 43.

point à discréditer le divorce; nous en trouvons un témoi-
gnage précieux dans les Observations des Tribunaux d'appel
relatives au projet de Code civil : à la presque unanimité les
corps judiciaires consultés se prononcèrent pour le maintien
du divorce dans la législation française.

Ici se termine l'histoire du décret du 20 septembre 1792 :
les discussions auxquelles donna lieu la consécration du
divorce dans la loi du 31 mars 1803 se rattachent directement
à l'étude du Code civil.

Abrogé le 8 mai 1816, après vingt-trois ans et demi d'existence, le divorce a de nouveau repris sa place dans notre
Code civil avec la loi du 27 juillet 1884.

APPENDICE

Textes Législatifs.

___

LOI DU 20 SEPTEMBRE 1792.

L'Assemblée nationale, considérant combien il importe de faire jouir les Français de la faculté du divorce, qui résulte de la liberté individuelle dont un engagement indissoluble serait la perte; considérant que déjà plusieurs époux n'ont pas attendu, pour jouir des avantages de la disposition constitutionnelle, suivant laquelle le mariage n'est qu'un contrat civil, que la loi eût réglé les effets du divorce, décrète qu'il y a urgence.

L'Assemblée nationale, après avoir décrété l'urgence, décrète sur les causes, le mode et les effets du divorce, ce qui suit :

§ Ier. DES CAUSES DU DIVORCE.

Article premier. — Le mariage se dissout par le divorce.

Art. 2. — Le divorce a lieu par le consentement mutuel des époux.

Art. 3. — L'un des époux peut faire prononcer le divorce sur la simple allégation d'incompatibilité d'humeur ou de caractère.

Art. 4. — Chacun des époux peut également faire prononcer le divorce sur des motifs déterminés, savoir : 1° Sur la démence, la folie ou la fureur de l'un des époux; 2° sur la condamnation de l'un d'eux à des peines afflictives ou infamantes; 3° sur les crimes, sévices ou injures graves de l'un envers l'autre; 4° sur le dérèglement de mœurs notoire; 5° sur l'abandon de la femme par le mari ou du mari par la femme, pendant deux ans au moins; 6° sur l'absence de l'un d'eux sans nouvelles au moins pendant cinq ans; 7° sur l'émigration dans les cas prévus par les lois, notamment par le décret du 8 avril 1792.

Art. 5. — Les époux maintenant séparés de corps par jugement exécuté, ou en dernier ressort, auront mutuellement la faculté de faire prononcer leur divorce.

Art. 6. — Toutes demandes et instances en séparation de corps non jugées sont éteintes et abolies: chacune des parties paye ses frais. Les jugements de séparation non exécutés ou attaqués par l'appel demeurent comme non avenus; le tout, sauf aux époux à recourir à la voie du divorce, aux termes de la présente loi.

Art. 7. — A l'avenir, aucune séparation de corps ne pourra être prononcée; les époux ne pourront être désunis que par le divorce.

§ II. Modes du divorce. — Divorce par consentement mutuel.

Article premier. — Le mari et la femme qui demanderont conjointement le divorce seront tenus de convoquer une assemblée de six au moins des plus proches parents, ou d'amis, à défaut de parents; trois des parents ou amis seront choisis par le mari, les trois autres seront choisis par la femme.

Art. 2. — L'assemblée sera convoquée à jour fixe et lieu convenu avec les parents ou amis : il y aura au moins un mois d'intervalle entre le jour de la convocation et celui de l'assemblée; l'acte de convocation sera signifié par un huissier aux parents ou amis convoqués.

Art. 3. — Si, au jour de la convocation, un ou plusieurs des parents ou amis convoqués ne peuvent se trouver à l'assemblée, les époux les feront remplacer par d'autres parents ou amis.

Art. 4. — Les deux époux se présenteront en personne à l'assemblée, ils y exposeront qu'ils demandent le divorce. Les parents ou amis assemblés leur feront les observations et représentations qu'ils jugeront convenables; si les époux persistent dans leur dessein, il sera dressé par un officier municipal, requis à cet effet, un acte contenant simplement que les parents et amis ont entendu les époux en assemblée dûment convoquée, et qu'ils n'ont pu les concilier; la minute de cet acte, signée des membres de l'assemblée, des deux époux et de l'officier municipal, avec mention de ceux qui n'auront su ou pu signer, sera déposée au greffe de la municipalité; il en sera délivré expédition aux époux gratuitement et sans droits d'enregistrement.

Art. 5. — Un mois au moins, et six mois au plus, après la date de l'acte énoncé dans l'article précédent, les époux pourront se présenter devant l'officier public chargé de recevoir les actes de mariage, dans la municipalité où le mari a son domicile; et, sur leur demande, cet officier public sera tenu de prononcer leur divorce sans entrer en connaissance de cause; les parties et l'officier public se conformeront aux formes prescrites à ce sujet dans la loi sur les actes de naissance, mariage et décès.

Art. 6. — Après le délai de six mois, mentionné dans le précédent article, les époux ne pourront être admis au divorce, par consentement mutuel, qu'en observant de nouveau les mêmes délais et les mêmes formalités.

Art. 7. — En cas de minorité des époux ou de l'un d'eux, ou s'ils ont des enfants nés de leur mariage, les délais ci-dessus indiqués, d'un mois pour la convocation de l'assemblée de famille et d'un mois au moins après l'acte de non-conciliation, pour faire prononcer le divorce, seront doubles ; mais le délai fatal de six mois, après l'acte de non-conciliation, pour faire prononcer le divorce, restera le même.

Mode du divorce, sur la demande d'un des époux, pour simple cause d'incompatibilité.

Art. 8. — Dans le cas où le divorce sera demandé par l'un des époux contre l'autre, pour cause d'incompatibilité d'humeur ou de caractère, sans autre indication de motifs, il convoquera une première assemblée de parents, ou d'amis à défaut de parents, laquelle ne pourra avoir lieu qu'un mois après la convocation.

Art. 9. — La convocation sera faite devant l'un des officiers municipaux du domicile du mari, en la maison commune du lieu, aux jour et heure indiqués par cet officier ; l'acte en sera signifié à l'époux défendeur, avec la déclaration des noms et demeures des parents ou amis, au nombre de trois au moins, que l'époux demandeur entend faire trouver à l'assemblée, et invitation à l'époux défendeur de comparaître à l'assemblée et d'y faire trouver, de sa part, également trois, au moins, de ses parents ou amis.

Art. 10. — L'époux, demandeur en divorce, sera tenu de se présenter en personne à l'assemblée ; il entendra, ainsi que l'époux défendeur, s'il comparaît, les représentations des parents ou amis à l'effet de les concilier ; si la conciliation n'a pas lieu, l'assemblée se prorogera à deux mois, et les époux y demeureront ajournés ; l'officier municipal sera tenu de se retirer pendant les explications et le débat de famille ; en cas de non-conciliation, il sera rappelé dans l'assemblée pour en dresser acte, ainsi que de la prorogation dans la forme prescrite par l'article 4 ci-dessus ; expédition de cet acte sera délivrée à l'époux demandeur qui sera tenu de le faire signifier à l'époux défendeur, si celui-ci n'a pas comparu à l'assemblée.

Art. 11. — A l'expiration des deux mois, l'époux demandeur sera tenu de comparaître de nouveau en personne ; si les représentations qui lui seront faites, ainsi qu'à son époux, s'il comparaît, ne peuvent encore les concilier, l'assemblée se prorogera à trois mois, et les époux y demeureront ajournés ; il en sera dressé acte, et la signification en sera faite, s'il y a lieu, comme au cas de l'article précédent.

Art. 12. — Si, à la troisième séance de l'assemblée, à laquelle le provoquant sera également tenu de comparaître en personne, il ne peut être concilié et persiste définitivement dans sa demande, acte en sera dressé ; il lui en sera délivré expédition, qu'il fera signifier à l'époux défendeur.

Art. 13. — Si, aux première, seconde ou troisième assemblées, les parents ou amis indiqués par le demandeur en divorce ne peuvent s'y trouver, il pourra les faire remplacer par d'autres à son choix; l'époux défendeur pourra aussi faire remplacer à son choix les parents ou amis qu'il aura fait présenter aux premières assemblées; et enfin l'officier municipal lui-même, chargé de la rédaction des actes de ces assemblées, pourra, en cas d'empêchement, être remplacé par un de ses collègues.

Art. 14. — Huitaine au moins, ou au plus dans les six mois après la date du dernier acte de non-conciliation, l'époux provoquant pourra se présenter pour faire prononcer le divorce devant l'officier public chargé de recevoir les actes de mariage dans la municipalité où le mari a son domicile; il observera, ainsi que l'officier public, les formes prescrites à ce sujet dans la loi sur les actes de naissance, mariage et décès : après les six mois, il ne pourra y être admis qu'en observant de nouveau les mêmes formalités et les mêmes délais.

Mode du divorce sur la demande d'un des époux pour cause déterminée.

Art. 15. — En cas de divorce demandé par l'un des époux pour l'un des sept motifs déterminés, indiqués dans l'article 4 du paragraphe 1er ci-dessus, ou pour cause de séparation de corps, aux termes de l'article 5, il n'y aura lieu à aucun délai d'épreuve.

Art. 16. — Si les motifs déterminés sont établis par des jugements, comme dans les cas de séparation de corps ou de condamnation à des peines afflictives ou infamantes, l'époux qui demandera le divorce pourra se pourvoir directement pour le faire prononcer devant l'officier public chargé de recevoir les actes de mariage dans la municipalité du domicile du mari ; l'officier public ne pourra entrer en aucune connaissance de cause; s'il s'élève devant lui des contestations sur la nature ou la validité des jugements représentés, il renverra les parties devant le tribunal de district, qui statuera en dernier ressort et prononcera si ces jugements suffisent pour autoriser le divorce.

Art. 17. — Dans le cas de divorce pour absence de cinq ans sans nouvelles, l'époux qui le demandera pourra également se pourvoir directement devant l'officier public de son domicile, lequel prononcera le divorce sur la présentation qui lui sera faite d'un acte de notoriété constatant cette longue absence.

Art. 18. — A l'égard du divorce fondé sur les autres motifs déterminés, indiqués dans l'article 4 du paragraphe 1er ci-dessus, le demandeur sera tenu de se pourvoir devant des arbitres de famille en la forme prescrite dans le Code de l'ordre judiciaire pour les contestations d'entre mari et femme.

Art. 19. — Si, d'après la vérification des faits, les arbitres jugent la demande fondée, ils renverront le demandeur en divorce devant l'officier du domicile du mari pour faire prononcer le divorce.

Art. 20. — L'appel du jugement arbitral en suspendra l'exécution ; cet appel sera instruit sommairement et jugé dans le mois.

§ III. Effets du divorce par rapport aux époux.

Article premier. — Les effets du divorce, par rapport à la personne des époux, sont de rendre au mari et à la femme leur entière indépendance, avec la faculté de contracter un nouveau mariage.

Art. 2. — Les époux divorcés peuvent se remarier ensemble. Ils ne pourront contracter avec d'autres un nouveau mariage qu'un an après le divorce, lorsqu'il a été prononcé sur consentement mutuel, ou pour simple cause d'incompatibilité d'humeur ou de caractère.

Art. 3. — Dans le cas où le divorce a été prononcé pour cause déterminée, la femme ne peut également contracter un nouveau mariage avec un autre que son premier mari, qu'un an après le divorce, si ce n'est qu'il soit fondé sur l'absence du mari depuis cinq ans sans nouvelles.

Art. 4. — De quelque manière que le divorce ait lieu, les époux divorcés seront réglés par rapport à la communauté de biens ou à la société d'acquêts qui a existé entre eux, soit par la loi, soit par la convention, comme si l'un d'eux était décédé.

Art. 5. — Il sera fait exception à l'article précédent pour le cas où le divorce aura été obtenu par le mari contre la femme pour l'un des motifs déterminés, énoncés dans l'article 4 du paragraphe 1er ci-dessus, autre que la démence, la folie ou la fureur ; la femme, en ce cas, sera privée de tous droits et bénéfices dans la communauté des biens ou société d'acquêts ; mais elle reprendra les biens qui y sont entrés de son côté.

Art. 6. — A l'égard des droits matrimoniaux emportant gains de survie, tels que douaire, augment de dot ou agencement, droit de viduité, droit de part dans les biens meubles ou immeubles du prédécédé, ils seront, dans tous les cas de divorce, éteints et sans effet. Il en sera de même des dons et avantages pour cause de mariage, que les époux ont pu se faire réciproquement ou l'un à l'autre, ou qui ont pu être faits à l'un d'eux par les père, mère ou autres parents de l'autre. Les dons mutuels, faits depuis le mariage et avant le divorce, resteront aussi comme non avenus et sans effet. Le tout, sauf les indemnités ou pensions énoncées dans les articles qui suivent.

Art. 7. — Dans le cas de divorce pour l'un des motifs déterminés, énoncés dans l'article 4 du paragraphe 1er ci-dessus, celui qui aura obtenu le divorce sera indemnisé de la perte des effets du mariage dissous et de ses gains de survie, dons et avantages, par une pension viagère sur les biens de l'autre époux, laquelle sera réglée par des arbitres de famille, et courra du jour de la prononciation du divorce.

Art. 8. — Il sera également alloué, par des arbitres de famille, dans tou s les cas de divorce, une pension alimentaire à l'époux divorcé qui se trouvera dans le besoin, autant néanmoins que les biens de l'autre époux pourront la supporter, déduction faite de ses propres besoins.

Art. 9. — Les pensions d'indemnité ou alimentaires, énoncées dans les articles précédents, seront éteintes si l'époux divorcé qui en jouit contracte un nouveau mariage.

Art. 10. — En cas de divorce pour cause de séparation de corps, les droits et intérêts des époux divorcés resteront réglés, comme ils l'ont été par les jugements de séparation et selon les lois existantes lors de ces jugements, ou par les actes et transactions passés entre les parties.

Art. 11. — Tout acte de divorce sera sujet aux mêmes formalités d'enregistrement et publication que l'étaient les jugements de séparation, et le divorce ne produira à l'égard des créanciers des époux que les mêmes effets que produisaient les séparations de corps et de biens.

§ IV. Effets du divorce par rapport aux enfants.

Article premier. — Dans le cas du divorce par consentement mutuel, ou sur la demande de l'un des époux pour simple cause d'incompatibilité d'humeur ou de caractère sans autre indication de motifs, les enfants nés du mariage seront confiés, savoir : les filles à la mère, les garçons âgés de moins de sept ans également à la mère; au-dessus de cet âge, ils seront remis et confiés au père; et néanmoins le père et la mère pourront faire à ce sujet tel autre arrangement qui bon leur semblera.

Art. 2. — Dans tous les cas de divorce pour cause déterminée, il sera réglé en assemblée de famille auquel des époux les enfants seront confiés.

Art. 3. — En cas de divorce pour cause de séparation de corps, les enfants resteront à ceux auxquels ils ont été confiés par jugement ou transaction, ou qui les ont à leur garde et confiance depuis plus d'un an ; s'il n'y a ni jugement ou transaction, ni possession annale, il sera réglé en assemblée de famille auquel du père ou de la mère séparés les enfants seront confiés.

Art. 4. — Si le mari ou la femme divorcé contractent un nouveau mariage, il sera également réglé en assemblée de famille si les enfants qui leur étaient confiés leur seront retirés et à qui ils seront remis.

Art. 5. — Soit que les enfants, garçons ou filles, soient confiés au père seul ou à la mère seule, soit à l'un et à l'autre, soit à des tierces personnes, le père et la mère ne seront pas moins obligés de contribuer aux frais de leur éducation et entretien; ils y contribueront en proportion des facultés et revenus réels et industriels de chacun d'eux.

Art. 6. — La dissolution du mariage par divorce ne privera, dans aucun cas, les enfants nés de ce mariage des avantages qui leur étaient assurés par les lois ou par les conventions matrimoniales, mais le droit n'en sera ouvert à leur profit que comme il le serait si leurs père et mère n'avaient pas fait divorce.

Art. 7. — Les enfants conserveront leur droit de successibilité à leur père et à leur mère divorcés; s'il survient à ces derniers d'autres enfants de mariages subséquents, les enfants des différents lits succéderont en concurrence et par égales portions.

Art. 8. — Les époux divorcés, ayant enfants, ne pourront en se remariant faire de plus grands avantages, pour cause de mariage, que ne le peuvent, selon les lois, les époux veufs qui se remarient ayant enfants.

Art. 9. — Les contestations relatives au droit des époux d'avoir un ou plusieurs de leurs enfants à leur charge et confiance; celles relatives à l'éducation, aux droits et intérêts de ces enfants, seront portées devant des arbitres de famille, et les jugements rendus en cette matière seront, en cas d'appel, exécutés par provision.

DÉCRET DU 23 VENDÉMIAIRE AN II (14 OCTOBRE 1793).

Article premier. — En formant l'action en divorce, le conjoint demandeur pourra faire apposer les scellés sur tous les meubles et effets mobiliers de la communauté.

Art. 2. — Les scellés ne pourront, soit dans le cours de l'instance, soit après le jugement définitif, être levés qu'en procédant de suite à l'inventaire des objets y compris, à moins que les deux parties ne consentent à leur levée pure et simple.

DÉCRET 8-14 NIVOSE AN II (28 DÉCEMBRE 1793).

Article premier. — Les tribunaux de famille auxquels sont attribués les jugements des contestations entre maris et femmes, après le divorce, dans les cas prévus par les articles 7 et 8 du paragraphe III de la loi du 20 septembre 1892 sur le divorce, et dans les cas prévus par l'article 9 du paragraphe IV de la même loi, connaîtront aussi de celles relatives aux règlements des droits des époux dans leur communauté, et de leurs droits matrimoniaux emportant gain de survie.

Art. 2. — Ces tribunaux de famille seront obligés de prononcer sur ces contestations dans le délai d'un mois après leur formation.

Les époux, ou l'un d'eux, pourront porter l'affaire soumise à la décision des arbitres de la famille par devant le tribunal du district, si ces arbitres ont négligé de prononcer leur jugement pendant ce délai.

Art. 3. — Le mari divorcé peut se remarier immédiatement après le divorce; l'épouse divorcée ne peut se remarier que dix moix après.

Art. 4. — S'il est constaté que le mari ait abandonné depuis dix mois son domicile et sa femme, celle-ci pourra contracter un nouveau mariage aussitôt après le divorce.

DÉCRET DU 4 FLORÉAL AN II (25 AVRIL 1794).

Article premier. — Lorsqu'il sera prouvé par un acte authentique ou de notoriété publique que deux époux sont séparés de fait depuis plus de six mois, si l'un d'eux demande le divorce, il sera prononcé, sans aucun délai d'épreuve, conformément à l'article 17 du paragraphe II de la loi du 20 septembre 1792.

L'acte de notoriété publique sera donné par le Conseil général de la commune ou par les Comités civils de section sur l'attestation de six citoyens.

L'époux qui demandera le divorce pourra, dans le cas d'une résidence de six mois dans une nouvelle commune, faire citer l'autre par devant l'officier public de ce nouveau domicile.

La citation sera donnée à la personne de l'époux défendeur ou au dernier domicile commun, chez l'agent national, qui sera tenu de l'afficher pendant une décade à la porte de la maison commune.

Art. 2. — S'il est constaté par acte authentique ou de notoriété publique que la séparation des époux a lieu par l'abandon fait par l'un d'eux du domicile commun, sans donner de ses nouvelles, l'époux abandonné pourra obtenir son divorce sur la seule présentation de l'acte authentique ou de notoriété, six mois après cet abandon et sans avoir besoin d'appeler l'époux absent.

Art. 3. — Dans les cas prévus par les deux articles précédents, les époux se pourvoiront dans la forme ordinaire, tant pour le règlement de leurs droits que pour ce qui concerne l'éducation et l'intérêt de leurs enfants.

Art. 4. — Les femmes des défenseurs de la patrie et des fonctionnaires éloignés de leur domicile pour le service de la République ne pourront néanmoins, pendant l'absence de leur mari, demander le divorce que par devant l'officier public de leur dernier domicile commun, ou par devant celui de la résidence actuelle de leur mari.

Elles ne pourront réclamer pendant son absence que ce qu'elles ont apporté en mariage, et tous les règlements qu'elles feront faire de leurs droits ne seront que provisoires jusqu'au retour de leur mari.

Art. 5. — Tous les officiers municipaux qui ne voudront pas recevoir une action en divorce, ou qui refuseront de le prononcer dans les cas prévus par les articles 1 et 2 ci-dessus, seront destitués et pourront être condamnés à des dommages et intérêts envers les parties, sans préjudice des peines portées par l'article 8 de la section V de la loi du 14 frimaire, qui leur seront appliquées, s'il y a lieu.

Art. 6. — Le divorce ne pourra être attaqué par la voie de l'appel. S'il a été prononcé avant l'accomplissement des délais, on pourra le faire prononcer de nouveau après leur expiration.

Art. 7. — La femme divorcée peut se remarier aussitôt qu'il sera prouvé par un acte de notoriété publique qu'il y a dix mois qu'elle est séparée de fait de son mari.

Celle qui accouche après son divorce est dispensée d'attendre ce délai.

Art. 8. — Les divorces qui ont été effectués en vertu du principe que le mariage n'est qu'un contrat civil, et qui ont été constatés par des déclarations authentiques faites par devant des officiers municipaux, des juges de paix ou des notaires, depuis la déclaration de ce principe et avant la promulgation de la loi du 20 septembre 1792, sont confirmés.

DÉCRET DU 24 VENDÉMIAIRE, AN III (15 OCTOBRE 1794).

La Convention décrète que celui qui, poursuivant le divorce, établira, par un acte authentique ou de notoriété publique, que son époux est émigré ou qu'il est résidant à l'étranger ou dans les colonies, sera dispensé de l'assigner au dernier domicile; et le divorce sera prononcé sans aucune citation.

LOI DU 15 THERMIDOR AN III (2 AOUT 1795).

Article premier. — L'exécution des lois des 8 nivôse et 4 floréal an II, relatives au divorce, demeure suspendue à compter de ce jour.

Art. 2. — Le Comité de législation est chargé de reviser toutes les lois concernant le divorce, et de présenter, dans le délai d'une décade, le résultat de son travail.

LOI DU 1er JOUR COMPLÉMENTAIRE AN V (17 SEPTEMBRE 1797).

Article premier. — Dans toutes les demandes en divorce qui ont été ou sont formées sur simple allégation d'incompatibilité d'humeur et de caractère, l'officier public ne pourra prononcer le divorce que six mois après la date du dernier des trois actes de non-conciliation exigés par les articles 8, 10 et 11 de la loi du 20 septembre 1792.

Art. 2. — A l'égard des demandes en divorce formées pour la cause ci-dessus, après lesquelles les trois actes de non-conciliation auront eu lieu, l'officier public ne pourra prononcer le divorce que six mois après la publication de la présente.

LOI RELATIVE A LA CÉLÉBRATION DES DECADI, DU 13 FRUCTIDOR AN VI (30 AOUT 1798).

Art. 5. — Le décadi, il est donné connaissance aux citoyens, des naissances et décès, ainsi que des actes ou jugements portant reconnaissance d'enfants nés hors mariage, des actes d'adoption et des divorces qui ont eu lieu durant la décade.

A cet effet, chaque agent municipal ou officier public remettra ou fera parvenir au président de l'administration municipale la notice des actes ci-dessus énoncés qu'il aura reçus pendant la décade. Le secrétaire en donnera récépissé.

Vu: *Le Président de la Thèse,*　　　　　Vu : *Le Doyen,*

P.-E. VIGNEAUX.　　　　BAUDRY-LACANTINERIE.

Vu et permis d'imprimer :

Bordeaux, le 1er juin 1897.

Le Recteur,

A. COUAT

(Les visas exigés par les règlements ne sont donnés qu'au point de vue de l'ordre public et des bonnes mœurs. — Délibération de la Faculté du 12 août 1879.)

TABLE DES MATIÈRES

Pages

INTRODUCTION. — Influence des théories des juristes sur la sécularisation du mariage et le rétablissement du divorce   5

PREMIÈRE PARTIE

Origines de la loi du 20 septembre 1792

CHAPITRE I. — Les Philosophes   19
CHAPITRE II. — Les Brochures.   52
CHAPITRE III. — L'Opinion   93

DEUXIÈME PARTIE

La loi du 20 septembre 1792

CHAPITRE I. — Les travaux préparatoires de la loi du 20 septembre 1792.   103
CHAPITRE II. — L'application de la loi du 20 septembre 1792 (1792-1803).
   Étude des modifications qui furent apportées à cette loi.   122
APPENDICE. — Textes législatifs   157

Bordeaux. — Imp. G. GOUNOUILHOU, rue Guiraude, 11.

www.ingramcontent.com/pod-product-compliance
Lightning Source LLC
Chambersburg PA
CBHW050107210326
41519CB00015BA/3866